青春印记

从中学到大学

qingchunyinji:
congzhongxuedaodaxue

主编⊙王鹏

副主编⊙纳颖杰

黄河出版传媒集团
阳光出版社

图书在版编目(CIP)数据

青春印记:从中学到大学 / 王鹏主编. — 银川:阳光出版社,2010.4
ISBN 978-7-80620-633-1

Ⅰ.①青… Ⅱ.①王… Ⅲ.①中学生—学习方法—高中 Ⅳ.①G632.46

中国版本图书馆 CIP 数据核字(2010)第 071877 号

青春印记:从中学到大学 王　鹏 主编

责任编辑　王薇薇　戎爱军
封面设计　冯　民
责任印制　王怀庆

黄河出版传媒集团
阳光出版社 出版发行

地　　址　银川市北京东路 139 号出版大厦(750001)
网　　址　www.nxcbn.com
网上书店　www.hh-book.com
电子信箱　nxhhsz@yahoo.cn
邮购电话　0951-5044614
经　　销　全国新华书店
印刷装订　宁夏捷诚彩色印务有限公司
印刷委托书号(宁)0004215

开本　720mm × 980 mm　1/16　　印张　14
字数　300 千　　　　　　　　　印数　3000 册
版次　2010 年 5 月第 1 版　　　印次　2010 年 5 月第 1 次印刷
书号　ISBN 978-7-80620-633-1/G·352

定价　20.00 元

放飞希望　收获梦想（代序）

张义康

　　每年的 6 月，都会有那么两天，让家长、老师和社会为一群群孩子的命运操劳、忙碌。高考的重要性是不用赘述的。每当此时，我都会在心里说，又会有一批健壮的小山鹰要飞出窝了。

　　作为陪伴他们度过难忘的高中时光的老师，此刻或许可以轻松地缓一口气了；作为朝夕相伴的父母，在即将分别的感伤而甜蜜中等待着那一次开心的旅程。而作为高考的亲历者，这些刚刚走出去的孩子们怎样看待他们的高考、他们的老师以及他们的父母呢？在他们的眼里，高考真的是魔鬼高三的终结吗？那一次次的模拟考试真的是那么灵验吗？他们怎样看待分数，怎样对待竞争对手？他们又经过了怎样的历练才取得了骄人的成绩？这一切不仅仅是父母、老师，就连我这个远离高考的人来说都特别想了解。

　　在学校里，在课堂上，老师和学生的对话永远都不是平等的，虽然目前大部分教师都可以与学生"称兄道弟"。但学生如果不是由衷地敬佩师者的智慧和人品，是不可能真心对老师热爱而敬重的。他们背后的小动作可能让老师和家长大跌眼镜，而你无可奈何——现在的孩子何等聪慧机敏，他们的搞怪和花样层出不穷，只怕你不出招……

那么，是什么让这些刚刚迈进大学校门的孩子，放下思想包袱，用真实的语言来叙述他们的高中、他们的大学呢？

事情还要从北京高校宁夏校友会的诞生说起。

2009年秋季，一批大一新生来到首都北京各高校，这些孩子你找我，我找他，慢慢地形成了一个具有鲜明特点的集体，他们戏称为"09一代"。来自中央财经大学的王鹏，暑假里看到父亲筹备安徽商会而从中学到一些经验，极富创意地提出了成立"北京高校2009级宁夏校友会"，这一提议得到了同学好友的极大支持，于是一个以"促进和发展良好的社会道德风尚，发起公益活动，回报和贡献社会"为宗旨的宁夏校友会成立了。既然有了宏伟的目标，那就要有真措施。为宁夏做些什么呢？他们集思广益，认为"结合自身的资源，出一本书，总结每个毕业生的学习方法和学习经历，为还在高中学习，或即将步入高中的学弟学妹提供借鉴和参考"是他们目前能做的。说干就干，短短两个月，这部满含着寄托、鼓励，想用最明白、最简单的方法想告诉读到它的人什么学习方法最有用的书稿便转到了出版社编辑的手中。

让我感慨的是，这些孩子对刚刚结束的高考是那么理智，他们表现出的智慧让我自愧弗如，用"目标明确，态度端正"来说绝不为过。更让我吃惊的是，这些孩子一致认为，高考考得好，是因为听了老师的话。而我一直认为在高中阶段他们是比较叛逆的，谁知他们把"听老师的话""上课安心听讲"等作为了一个考得好的重要条件，这难道不让做老师的深思吗？投之以桃，报之以李，我们的孩子是懂得感恩的。相信他们吧，他们用成长过程中一次次的失利和成功，浇筑着自己坚定的信念。

让我感动的是，这些孩子对自己的经验毫无保留的传输，他们的心是那样的挚诚，他们的胸怀是那样的宽厚，不论是在各科目上独到的学习经验，还是对高考紧张恐惧心态的排解，或者是在填报志愿时所要注意的事项，都尽量做到客观、可行、可信。有心的读者一定会从字里行间读出他们拳拳的爱乡爱家之情。有理由相信，今天他们尽的是一份绵薄之力，明天他们会为家乡、为祖国的建设擎起巨臂。

让我欣慰的是，这些孩子在经历了无比紧张忙碌的高三学习后，面对"自由、松散、自主"的大学生活时所表现出的自律、自警和自重。他们异常冷静地分析了大学生活和高中生活的不同，在学习方法、学习途径等方面，高中和大学截然不同，而大学生和高中生的学习任务并没有改变。他们对逃课、挂科、补考都表现出了不屑和反对，而对广泛接受知识，有意识地锻炼自己的实际工作能力表现出了极大的兴趣。在他们的眼里，那些活跃的思想文化氛围，高端的理论争锋是大学的代名词，大学，"大雅之学"也。每每看到此，我甚至认为，是高考让孩子们一夜之间成熟了，能这样理性地对待生活和学习的"09一代"，还有什么可让人怀疑，让人担心的呢！

放飞希望，收获梦想。风雨过后的彩虹是那样的绚烂。愿"09一代"的梦想都能够实现！更祝愿所有的孩子凝聚了十二年寒窗苦读的梦想能够实现！

2010 年 4 月 6 日

目　录

过去的，以及未来的

想想时间真是伟大，恍如昨天还穿着校服，来往于二中与家的我竟然在大学里又行将混到第三个月。这下子完全体会到了"不知不觉"的滋味，若是不作停顿一直如此忙忙碌碌、浑浑噩噩地度过，也许眨眼间就要混到毕业吧……不过还好，庆幸自己有这个机会，写下一些东西，也算是对逝去时光的一种凭吊吧。

回忆我的高中三年，心里由衷地要说：二中，注定是我人生无比重要的一个里程碑。

三年前中考结束，第一次去到二中，看到恢弘的建筑以及规划合理的校园便一下子沉浸其中，没有丝毫犹豫地踏入了这所古老却又年轻的学校。时光流转，现在我踏入同样吸引我的北大校园，一切的一切都与当时如此相似。不变的，还有记忆里那一份进入新环境必然的迷茫感——

不认识的同学，陌生的校园，一个人走在上学或者放学的路上常常会多出一份孤独感。还远不止这些，教材变了，老师讲课的方式变了，过去的一套旧经验不再适用了……小小的我们需要应付整个环境的改变。转眼就到了秋天，飘散满地的落叶，一切的一切都在渲染一种凄凉的氛围。不过事情也没有那么糟，渐渐的，我结识了一个又一个志同道合的好朋友；渐渐的，我发现数学也并没想象中那么难；渐渐的，生活似乎理出了一条头绪，面前的道路愈发宽广，生活终于井井有条起来。

现在回忆起这些，短短几句话就可以概括。可是其中的辛酸滋味，却只有自己才会明了。就如同现在的我，在偌大的校园里，极力寻找着属于自己的坐标，偶尔的疲惫气馁甚

姓名：李怡然
毕业学校：银川二中
就读高校：北京大学光华管理学院
人生格言：聪明人永远知道在什么时间该做什么事
光辉历程：08全国语文能力竞赛三等奖、全国英语能力竞赛三等奖、数学联赛三等奖、银川市优秀团干部、希望之星英语风采大赛宁夏赛区一等奖、07~09年度银川二中一等奖学金、08年度校级优秀团干部

至让人悲观失望，但心里却总有个声音在说：这都只是个过程，经过了这一段时期，一切都会好起来。因为虽然前途无比光明，但是道路总会一如既往的曲折。

一直很珍惜高一时的友情。没有分班，没有高考，没有所有的负担，仍带有一丝初中生的小幼稚，傻傻的，笑在一起，闹在一起。高一时成天吵架，上了高二反而成了无话不说的挚友。这样的例子实在太多太多。永远都会记得高一期末前的最后一节课，分别的感伤，却也掺杂了对未来的期许。

从高二起，事情变得明朗了许多，我们不用再疲于思考未来是怎样的，需要怎样应对，因为似乎高考成了未来的全部代言。想离开家乡见识下外面的世界？想组个乐团圆了摇滚的梦？想安安静静地捧一本漫画消磨整个下午？……且慢，一切的一切，都得经高考"同意"。其实这样的生活也未尝不是轻松的，因为目标是如此清晰：高考。旁的一切都是多说无益，生活顿时充实很多。

从何时起，一天一份英语卷子成了习惯？从何时起，一有空闲就开始默背古文？从何时起，周末出门玩不再成为一种必然而改成了偶然？……这些都不夸张过分，这些都只是一个高三生应该做的。因为清楚前方的路意味着什么，因为清楚自己在高考的博弈中输不起，因为有一种过全新生活的渴望……太多太多的理由让我们无法蔑视高三，它并不黑暗，不像有些人的想象，它甚至不算折磨，因为，一切都是为了自己。

也许经过了高三一年的锤炼，我们才了解，原来自己的潜力这么大，自己能做的其实更多。原来生活一直都很公平，只要你肯付出，就总会有所收获。

真正体会过高三，你会发现，其实高考已经成了其中的一个步骤，它不是结果，而是另一段旅途的开始。

告别高中，告别穿校服的时代，告别一切由父母做主、自己可以没心没肺了无牵挂地轻松生活，我开始迎接大学的历练。也许又要重复高中由迷茫到坚定的过程，也许又可能伤心失望疲惫气馁，但tomorrow is another day,这一句却足以打消心中的动摇。

因为，未来，永远都在不远的前方！

学习感悟与方法建议

一、学习篇

1. 勤动笔

动笔是加深印象的好方法，便于总结和记忆，正所谓好记性不如烂笔头。上课时老师提到的一个知识点，看杂志时见到的好素材，突然想到的一个问题，做题时不理解的问题等等，不论是什么，建议同学把它们都记下来。一来可以将零碎的知识集中起来便于日后翻阅，二来可以扫除学习中的盲点，有助于完善知识结构。

我自己有一个本子，厚厚的，各科笔记都有，内容也很"杂"：错题、感悟、遗漏的知识点、好词好句等等，只要是觉得有用的东西，统统记在本子上。没几个星期就发现记了不少知识。因为一次性的记忆效果并不好，所以再次翻阅时会发现有的知识自己还是模糊不清的，这就要求要定期复习巩固。我会在每次考试之前去看这个笔记本，平时只管记。因为高三考试频率比较高，所以翻阅的次数也很多。考试时的题目多来源于同学们平时容易忽略的细节部分，而这个本子中记下的又是自己疏忽的知识点，所以对于提高成绩效果非常明显。我在多次考试中（尤其是英语单选）都发现考试的知识点自己平常是加强记忆过的。

2. 制定计划、回归课本

很多同学跟我说过自己有种很无奈的感觉：要看要学的东西太多，每次面对课本都无从下手。

造成这种现象的一个主要原因就是没有计划性。制定计划可以飞速提升我们的学习效率，让我们在有限的时间里将完善自己最大化。我们可以制定每日计划，就是每天的学习应当怎样安排。周计划，即周一到周日的针对性学习，例如每天为自己安排一门课精心去学习。

我们应避免那种见着题目或书本也不去分析拿起来就做的毛病。因为盲目做题难以提高效率。看起来是做了不少题，事实上却并未提高学习能力。

我是最不提倡题海战术的。因为题目永远在变化，而我们要想以不变应万变应当回归课本，课堂上学的知识和学校发的习题已经够用。尤其是文科生，政治和历史要想学好最简单的方法就是反复看书，且要仔细地研读。不能放过边边角角的零碎知识点。

制定计划与回归课本相结合即每天什么时候看什么课本，在多久的时间内应看完几本书，以多久为周期进行复习，在看到什么程度后需要做题来检验效果等等，这些问题都应当事先想好，这样才能把握住时间且有所收获！

3. 高效的课堂听讲

听课一定要认真。同学们要坚决杜绝上课开小差、睡觉、发短信、聊天等行为！我可以很负责地告诉大家，老师讲课时的每句话都很重要！不论他是写在了黑板上还是只是口头上提了一下都应该用心去听！而所谓的"听"不是左耳朵进右耳朵出的听，而是把老师所讲的知识转化成自己的东西。很多时候我们觉得自己理解了实际上却是一知半解。我做过一个实验，下课和同桌一起复述课上听的内容，结果是我们都给对方找到了遗漏和错误。证明上课听讲一定得百分之百地投入，否则真正吸收的知识并不是老师所讲的全部内容！

在老师讲题或讲解试卷时尤其应集中注意力。有的同学有一种错误观点：这道题做对了就不用再听老师的讲解。这种想法十分片面。留心的同学会发现，老师在讲题时并不是就题论题，而是旁征博引，发散性非常强。老师们经常会说"再比如……"这时大家一定要用心去听，因为这是拓展知识面的绝佳机会。比如我的英语老师在讲解某道单选题时遇到了"look forward to doing sth"的用法，她紧接着就带领同学们复习了许多其他常用的to+doing 的短语搭配。比如get down to doing sth、pay attention to doing sth等等，有些可能是自己平常没有留心的，这个时候就可以跟着老师一起复习一遍，效果非常好。

4. 相信老师

有些同学在高三时会对任课老师怀有偏见或不满情绪，这是非常有害的。同学们应当相信，老师能被学校安排来带高三一定是有他的擅长之处。我们是要学习知识而不是给老师挑毛病。有的人因为不喜欢某门课的任课老师而排斥这门课，上课不认真听讲，作业也应付完成，这样是十分有害的，最终害的还是自己。一句话送给大家：当无法改变外界时就应当尝试去改变自己。同样的，即使与老师格格不入，这门课终究还是要考，因为与老师不和这样的幼稚原因而耽误自己的学业真是得不偿失。

5. 适当做题

上高三后不管是学校订的、家长买的还是自己和同学一起挑选的，练习册一下子就会多起来。有时看到同学拿的一本自己没见过的练习册心里会犯嘀咕：是不是那本练习册更好？自己要不要再买一本？这种心态是正常的。但同学们更应相信，学习在质不在量。把一本练习册认真地做完、吃透，比糊里糊涂做十本练习册都要有用。题不在于做得多，而在于质量。

对于练习册还有一点建议就是大家应当由针对性的去做题。比如高三上学期，我们可以选择题量稍大的练习册，只做选择题并且限时完成来训练自己的审题与做题速度。等到了下学期就应当将更多的精力放在主观题上，尤其是文综的答题，理顺审题、做题的思路，找到答题的规范性。

二、生活篇

1. 不要放弃自己的兴趣爱好

有的同学因为高考太过重要，平常学习太过紧张而放弃了自己的某些小爱好。其实这是不必要的。学习时我们的神经就像一根紧绷的弹簧，如果不适当休息就会崩断。劳逸结合可以大大提高学习的效率！我在每周六晚上会弹钢琴或上网，整个晚上都处于很放松的状态，这样可以缓解平常上学的疲劳，给心情也放了一个小假。

2. 积极参加集体活动，尝试担任领导者

上了高三后很多班干部会找班主任提出不愿再担任职务，理由是怕耽误学习。但以我的亲身经历来说，担任班干部是不会影响学习的。我从高一到高三一直担任班级的团支部书记，有些工作非常琐碎，看似要占用很多时间。但事实上当我真正着手处理这些工作时，就会发现其实并没有想象中那么困难。完成工作不仅锻炼了自己的组织能力，更重要的是可以产生一种成就感，在紧张的学习中让自己感到一丝成功的快乐。因此当遇到竞选班干部、演讲、主持班会等活动时建议同学们积极得参与其中，发展一下自己学习以外的特长！

三、应试篇

1. 字体与规范

面对高考，要求的也许并不是字体有多美观而是整齐与易于辨认。建议同学们适当地练练楷书，可以规范字的间架结构，写快了也不会太乱。

在答题时应注意格式，做到要点化、符号化与术语化。

2. 心态的锻炼

为了避免高考时发生脸红心跳头脑发昏的情况，同学们

可以在平常的考试中锻炼自己的心态。每次考试都以正确的态度面对，想象如果这就是高考我应当用什么心态去面对。

以上是我给奋战在题海中的同学们的一点建议，不论你的学习方法是什么，我相信，只要能做到坚持与勤奋，就一定能战胜高考，取得令自己满意的成绩！

从一中到北大

姓名：杜彦涛
毕业学校：银川一中
就读高校：北京大学元培学院
人生格言：天道酬勤
光辉历程：
2009年宁夏高考理科第一名、2008年全国高中数学竞赛一等奖（省级赛区）、2008年全国高中生物竞赛一等奖（省级赛区）、2008年全国高中物理竞赛二等奖（省级赛区）、2008年全国高中化学竞赛二等奖（省级赛区）、2007~2008学年市级三好学生

2006年，我的九年义务教育阶段学习生活告一段落，经过中考，我进入了银川一中开始我三年的高中学习生活。

三年，确实很短。

但是高中的三年却是难忘的。在银川一中，有我的泪，我的笑，我的失败，我的成功……

回顾在一中的这段经历，让人感慨时光飞逝。当初刚入校的我对于高中生活只能说是一片茫然，什么都要重新适应。但很快，我就融入了高一（11）班这个集体中。那时，我的想法很简单，就是要先好好学习。我想，学习是学生的本职，只有把本职做好，才有资格做其他的事。

从中考后的放松一下子到了高中这么一个紧张的阶段，是需要时间适应的，但是要尽快。这样才能给高中开个好头。事实证明，我在高一时不错的学习方法确实为我高三的复习减少了很多麻烦。高中学习比起小学、初中来，是不一样的。在小学、初中，学习的主要方法就是认真。只要够认真，基本上就能学好。但在高中，虽然认真仍然是一个很重要的方面，但是还要重视学习方法和经验。事实上，每个人都应该有自己的学习方法，这是在自己不断学习的过程中摸索出来的。对此，下文会有集中的说明。

高一是很重要的一年，为高中开好头。在高一，我的成绩不是非常拔尖，在年级的三四十名。这并不是初中的基础决定的，而是对高中课程的重视以及较好的学习方法促成的。这些主要需要在课堂认真听讲，做作业讲求效率，积极思考，等等。我想，大家的智力方面差异很小，主要还是用功程度以及对待学习的态度等因素左右着我们的成绩。

高一，除了课堂学习，我还参加了每周日的数学竞赛辅导。这个决定现在看来是十分明智的，后来我数学竞赛的获奖，高三数学复习的轻松，都与这个决定分不开。当然，数学竞赛辅导是需要坚持的，不能够三天打鱼，两天晒网，只有坚持才会有效果，所谓天道酬勤。

虽然我是百分之一百二要学理的，但是文科的课我还是尽量去听，虽然肯定是学不好，但是那毕竟是我们需要了解的基本知识，多了解一下总没错，还可以丰富你的知识。

至于娱乐，看看课外书，听音乐，偶尔上网，玩电脑游戏……高中生活第一年就这样度过了。

高二的学习自然比高一要紧一些，学习的内容也是高中三年最多的，而这也是最为重要的阶段。高二那一年，数理化生四门竞赛我都参加，这自然会耗费大量的时间，周六周日要上竞赛，晚上有空就要看竞赛书。虽然很忙，但我觉得很充实，现在回想，仍然会怀念那一段在忙碌中度过的充实时光。

高三竞赛前是我最忙碌的一段时间了，也是因为付出了较多的努力，所以我最后取得了比较满意的结果。竞赛都完成后，我倒觉得时间上还没有高二那么紧张。从我的角度来说，高二的竞赛辅导占用了我许多周末的时间，到了高三，周末反而会比高二轻松。我说高三轻松，这也许会令许多同学怀疑。事实是，高一高二时，我把知识都掌握得差不多了，到高三复习时，我更多需要做的事是查漏补缺。

在课堂上，我跟着老师修补我知识体系中的漏洞；课下休息时，会给有需要的同学讲解一下习题；家里再做做题，看看书，巩固一下自己的知识体系。

说到这儿，我就不得不再提一下高一高二的重要性了。高中的知识基本就在高一高二学完了，高三基本上都在复习。最初的学习知识阶段应该是最为主要的，而复习只是为了让你的知识体系得到巩固。有一些同学在高一高二不认真学，只等高三复习再学，这就是本末倒置了。

上文已说过，每个人都该有自己的学习方法，但主要原则还是有的：相信老师，相信自己，兴趣是最好的老师，积极思考，注重效率，细心做题，及时复习……其实方法只要适合自己，就是好的。

相信老师，相信自己就不必说了，这两点是必须的。

至于兴趣，则要培养。当我们经过自己的努力把老师讲的知识学好了，能够运用自如了，这会给我们带来成就感，兴趣就一点一点培养起来了。

青春交响曲

第一乐章　凤凰涅槃的高中时代

序曲

　　跌跌撞撞地进入了高中的大门，没有一丝激动，没有一丝欣喜。有的只是恐慌、自卑。看似华丽多彩的初中除了给我一份让我痛苦的试卷以外还能给我的就是一张惨不忍睹的成绩单。拿着这张罚单悻悻地走近高中的大牢，看着冰冷似铁的二中大门，一阵寒意油然而生，先前的骄傲俨然变换成了自卑，仿佛自己是最矮的侏儒。望着那一张张看似试卷的面庞，我的心里充满了怯意，因为有中考这段艰辛的历程和惨痛的记忆，我仿佛对我的人生不再充满幻想和期待，我的路也许就此中断或者走向深渊。于是乎，怀揣着志忑开始了另一段难忘终身的生活……

第一章　懵懂

　　曾经誓言要为自己的人生再一次地努力！来到了高一某班，认识了一些新朋友，尝试了一些新事物，更知道了高中要如何学习！但性格使然，经不住诱惑的我还是有了不该有的欲望和打算，经常沉迷在竞技游戏和各类纷杂的活动里。面对着各种各样的试卷却都是相同的态度，就是要完成拿到学分的任务！丝毫没有了中考后暑假的忧虑和恐慌，似乎很是适宜这种安逸的生活。终于听闻高二要分班的消息后方才恍然大悟，便开始寻觅各式各样的教材辅导书，扔掉欲望和打算，捡起纸笔开始了战斗。经过数次紧张激烈的夜战，终于有了几点成效。于是，走入了高一最后的考场。我全神贯

姓名：王鹏
毕业学校：银川二中
就读高校：中央财经大学
专业：社会学（经济社会学方向）
人生格言：永远不要被选择，更不要随便地去选择
光辉历程：生性豪放不羁，广交仁人志士，口碑不俗。鄙人不才，发起成立北京高校宁夏校友会，受众推举，出任会长。现任中央财经大学青协部干事，社会学系团支书。

注地注视着试卷，丝毫不敢怠慢，那个我又回来了！久违了的认真，久违了的刻苦。假期回来后，在分班的名单里，我在传说中的文尖班的名单里看到了自己的名字。那一刻，我如释重负。呆呆地站在那里，不知是在感叹荒废了的一年还是在暗自庆幸只数夜艰苦后得来的成果。总之，高一就这样荒唐又不乏刺激地过去了。

我进入了传闻已久的文尖班，而眼前的景象让我久久地屏住呼吸，倒吸一口凉气……

第二章　如履薄冰

可能上文的说法有些夸张，但当我走进教室就发现这必将是个充斥着硝烟战火的集体，虽不说一个个无敌天下，但也是人中龙凤，更有甚者，是日后的状元之才。就是这样的集体，我生活在其中，那刚刚恢复的半点自信此刻消失得无影无踪。我仿佛置身于漫无前途的断崖上，只得低着头，凝视着自己的一举一动，生怕一不小心，万劫不复。于是乎，课堂上少了我的声音，各式各样的活动里没了我的影踪。当然没有人在意我，而此时的我还沉沦在自卑的弱水里声嘶力竭地呐喊。我也曾想过放弃，退居"二线"。人云：宁做鸡头不做凤尾。大概说的就是我吧。可我的性格辞海里偏偏没有放弃、妥协这些词，有的只是坚持！仍旧是性格使然，我选择了坚持，选择了等待，选择了凤凰浴火后的重生。卷子一遍遍地做，书一遍遍地看，要说从纸篓里倒出的是一筐筐草稿和演算的废纸，倒不如说是我的汗水和压抑。终于，从第一次月考的倒数第十，直至学期末的前二十，更有幸者，我还享受到了假期培优的待遇。那本已消失殆尽的自信又重新活了过来，而我也恢复了往昔的笑容和轻松。自从有了这样的经历，高二越发变得轻松和自然。

高二是我成长最快的一年，它教会了我做出选择，做出最明智的判断。也许你会面临或者已经面临比我当时更残酷的现实，更严峻的挑战。但是请相信我，只要会选择，会判断，只要你的字典里还有坚持、努力等这些字眼，任何失败、任何挫折都只是暂时的，等待你的只有欢庆胜利的锣鼓声和冲向终点的红丝带！高二是最关键的一年，因为它是在为你的高三做铺垫，十年磨一剑，只为高考试锋芒！如何在高二的一年里掌握最适合自己的学习方法是成功的有力保证。你们身边有的同学可能终日埋头苦学，可能你们的父母、老师会鼓励你们多向他们学习经验，多看书多做题。但是，在我身边发生的种种都表明，死读书的学习方法不是适合每一个人的，题海战术并不是为每个人而设计的。个人有个人的特点、有个人的专长，往往苦学的后果只能适得其反。而适合自己的学习方法才是最主要的。因此说高二是关键，就是要让你们在这一年里摸索出属于自己的有效的学习方法。

我的高二这样开始也这样结束，丝毫没有起初的狼狈不堪，有条不紊地进行着计划之中的所有事情。我当时也在想，看来高三也不会那么费劲了。终于进入高三，可那时那景，怎一个愁字了得！

第三章　苟延残喘

可能你们会不解为何我要给高三这一章起如此有伤大雅的名字，起初我也不知怎样定下题目，略有迷茫。但想了想，还是作出了这样的决定。

当我想起那一本本被我翻得面目全非的课本和一张张一套套揉成一团的试卷时，我开始有了一些新的思路。还记得，高三整日奔波游走于教室、办公室和家之间。教室里的压抑气氛和一打铃后五尺讲台被围得水泄不通的场景让我记忆犹新。看着那样的场景，有时我会有一丝丝凉意。我很少凑那份热闹和激情，当他们沉浸在那份让人无法忍受的学习浪潮里时，我和几个志同道合的朋友一起走向了天台走廊，享受着难得的寂静北风和冰冷刺骨的清醒。回到家中，投身于复习的革命里，一次就是四个小时。无数次只听见笔头的沙沙声和自己心跳的砰砰声，翻烂了一页又一页的历史书，揉碎了一张又一张的错题试卷。高三就这样开始了……

这个过程注定是马拉松式的长跑，路途充满着艰辛和挑战。作为你们的文科生学长，接下来我提供一些自己在这个阶段的部分课程的学习建议。

首先我想说的是数学，文科生的数学是总评成绩的指向标。只有数学成绩提升一大截，总成绩才会有大的改观。那么数学复习的关键是什么呢？我也为之郁闷了相当长的一段时间，直至高考前两个月我才有了答案，因此以后的数学成绩包括高考都还算满意。如何使得自己的数学成绩有提升，鄙人认为，最重要的是将例题与实战结合，老师讲的一道例题是一个模型，利用这个模型去网上查找相关的题型，举一反三。由此可见对例题掌握熟练的重要性，这要求你平时针对例题要多做反思，从不同的角度，以不同的思维去想例题。只有将例题与实战融会贯通了，才会有质的飞跃。另外，对考过的试卷错题也要反思整理，知道自己错在何处，如何在以后的实战中少犯诸如此类的过错才是应试之道。

接下来，要说说文综了。对于文科生，这是一大块馅饼！既好吃又难吃到。可能你们都知道高考大纲的改革，当总成绩一样时，首先对比的是文综成绩，对文史类学生来说文综的重要性可见一斑。那么如何拿下文综这块阵地呢？地理是关键！地理是文史类课程里除数学外最需要理科头脑的课程，尤其是地球运动，时区计算这一块。因此，一份好的文综答卷，良好的地理成绩是保证。我的很多朋友（包括我）政治和历史分都很高，但是往往就是因为地理的劣迹而影响综合成绩。为此，我们付出了惨痛的代价。针对地理学科的计算章节，我个人的解决之道便是在脑海里构造一个活动的三维图像，比如说地球仪、时区计算图以及模糊的世界版块图，这样便于自己在应试时能够快速有效地提取资料进行分析。至于人文地理，需要背诵一些常见的例题和一些常见的术语，一些套话，尽管俗套但至少不会因此失分。再来说说历史，这里我推荐银川二中陆全成老师的方法。两个字——看书；三化——符号化、层次化、要点化。这个办法屡试不爽，非常有效，在上文中我提到了面目全非的书本，尤指历史书。那是看了无数遍书的结果，反反复复的背诵一些要点、重点。每天上课前都要背一遍，你会觉得刻骨铭心。至于三化是应试过程中最需要注意的问题，阅卷老师为了节省时间，更倾向于那些层次鲜明、条分缕析的答案。因此，三化是很有必要的。往往这样的答案即使不着边际，也会博得老师的好感。最后谈谈政治，针对四本书（经济，政治，文化，哲学）我想谈两点建议。一、经济生活是最杂乱无章，也是占分比重最大的内容，如何拿下较多的分数呢？我想应该是做不同的题，所谓见多识广，只有见识更多类型的题目才会有全面的分析方法，另外针对时事也应做相应的考虑，例如08年的金融危机等等。二、政治文化和哲学生活都是条理性很强的板块，要想拿到高分只能靠记忆将三本书的大致内容整合成一张大的框图就十拿九稳了。为什么这么说呢，因为只有你完全熟悉了内容才能画出框图，画出了框图你就能找到相应的内容，再结合世界观与方法论，答案唾手可得！

　　以上便是鄙人关于高三复习阶段的部分课程的拙见，如有遗漏或不详，可见本书其他学长学姐的建议。

　　高三就在这样的节奏下走到了头，即将面临的是高考这场大战！无数次夜里惊醒只因为梦到自己高考迟到，无数次掌心出汗只因为模拟考试中有些试题让自己手足无措，诸如此类的考前症状不胜枚举。但请相信我，这些都是正常的，没有才非正常。在临战前的那些日子，终日的惶恐、猜测、担心、焦虑，是每一个应试者的应有心理反应。你会碰到会经历，但请不要害怕，每个做学生的都要经历。我是这么过来的，没有少下几斤肉，掉下几缕魂魄。在这个阶段，我常做的工作就是试着让自己放松，看些闲书，听听轻音乐，早些睡觉。有好的身体状态才是良好应试的前提！一定要保证睡眠和充分的营养，当然不是指大鱼大肉，多以清淡为好。在复习方面需要做的就是再一次回归教材，反思错题。在临考的前几天需要保证身体的健康指数，不推荐临阵磨枪。

终于到了大考的日子，十余年的寒窗苦读只为在这两天里有所成就。心态，良好的心态是成功的钥匙。记得我第一天进入语文的考场，早些的担忧紧张顿时不见踪影，有的只是淡定和宁静。真的，那一刻，从未有过的平和。夸张点的话，心如止水吧！呵呵，我也不知道为什么，貌似有什么灵魂附体吧！千言万语一句话，一定要以平和的心态应对那早已不在话下的试卷！希望你们能在将来的考试中发挥正常，将应有的能力最大限度地体现出来！

高三阶段到此结束。

插曲一　关于志愿的填报

很多同学问我当初志愿是怎么填报的，其实这个问题我自己也很迷茫。记得父亲那晚叫了很多朋友帮我出谋划策，有政界的，有商海的，也有其他的。叔叔阿姨们各抒己见，饭桌上侃侃而谈。可我却愈发的茫然。建议太多！这也是我首先要对你们说的，过多的意见会使你们失掉准心和应有的判断力，从我后来的结果来看，其实志愿的填报一定要符合自己的意愿和想法。儿时的我一心想从政，当国家主席（后来想想实在可笑）。到了高中才有了从事财经的打算，于是我坚定地遵从了自己的心愿，选择了中央财经大学。

过多的意见会使你们失掉准心和应有的判断力，志愿的填报一定要符合自己的意愿和想法。

这就涉及到了成绩问题。众所周知，宁夏目前实行平行志愿的填报方式，按名次顺序依次录取，因此成绩变得比以前更为重要。我当年的分数为561分，区124名，这样的成绩其实已经超乎了我的想象，不是指分数，而是指名次。我在二中所谓的文尖班，在班里的情况在前文也交代过，不算好学生，顶多算个中上等。三次摸底的成绩一平均便是我的高考分，之前许多学长这样告诉我说高考的成绩就是摸底考试的平均成绩，老师却说不足为信，但是自己却是如此的机缘巧合。当然我是想说平时的成绩是高考分数的基石，别老想着小爆发！那样的几率太低太低，我相信这样的馅饼你们很难吃到！因此如何根据自己的分数选择大学是个很重要的问题。首先，根据自己的排名要有一个大致的筛选。名次全区20名以后的同学当然北大清华、人大、复旦、交大的希望已经很渺茫了，这类的同学可以选择第二档次的学校，如对外贸易、中央财经、厦大、武大、中山大学等。当然这要根据具体情况再具体分析，我在这所讲的只针对一般情况。至于其他层次的同学，可以根据往年的招生情况选择适合自己的大学。另外，我还想说关于提前批次的问题，如果你想抱着试一试的心态的话，那么我劝你，如果没有你中意的大学千万不要冒险。如果你真的"有幸"被录取的话，不知道你是想哭还是会开心…因为你已经没有机会选择你精心挑选的大学了！所以，志愿的填报是个很费脑子和体力的活，难度不亚于高考。往往这个时候家长成为了考场上的考生，焦头烂额。我想作为晚辈，你们不想自己的父母如此窘迫不堪吧！鉴于此，我建议大家还是要有自己的想法，毕竟即将成年或者已经成年了，不要盲目从众，更不要"攀比"，要量力而行。

我只能作为我这个层次的学生代表来向大家讲述一些志愿填报的心得，如果觉得我的想法不符合你们的实际情况，就请各位在书中找到属于自己的答案吧！

插曲二　难忘的毕业暑假

在等待结果的日子里不断地彷徨和心悸，不是担心成绩就是担心填报志愿和录取结果，一样接着一样的担心和害怕。终于在一个月后的一天，一切尘埃落定后方才静了下来，一切恢复了平静和自然。只是又在想现在要干什么呢？于是，在7月中旬开始筹划要建立一个所有宁夏去北京上大学的学生组织，也就是今天的"宁京会"。在我的号召和朋友们的帮助下，终于在7月底的一天，数十名与会的学生代表坐在了一起，开始商讨建立校友会的有关事宜。历时四个多小时的讨论，终于有了令人满意而激动的成果，我们有了正式的组织机构和较大的规模形式，也有了未来的活动规划。就这样，北京高校2009级宁夏校友会成立了，我也得到了自己的第一份工作，有幸荣任了会长。高中毕业的假期因为有了宁京会而充实，我也因此得到了许多宝贵的组织经验，也是在这个协会里结识了很多朋友，收获了珍贵的情谊。这个假期没有白白走过，再回首，会发现那一个个脚印踩得是那么踏实、有力。

第二乐章 色彩缤纷的大学校园

终于来到了梦想中的大学校园，一切充满了新鲜感和刺激感。那一草、一木，一花、一人，都让我为之兴奋、激动。初来乍到，对于京城这个神圣庄严的地方充满了敬畏。渐渐熟悉了之后，这种感觉悄然消逝，剩下的就是把这里当做自己的家，把自己当做这个城市的主人。而对于大学，也没了起初的感觉。一切逐渐恢复了平常。我开始观察并思索周围的一切，包括人、环境、设施。这才发现，其实大学也不过如此。同样是五尺讲台、教授讲师、粉笔黑板和同桌，照样需要考试，同样要看成绩，只不过多了一些翘课的机会和自由的空间罢了。我的大学还在建设，终日与黄土为伴，有时候一觉醒来，发现门前的路被人挖断了。外人很容易进来，因为校园没有大门，主教楼的正对面是一片茂密的玉米地，据闻那是北师大的未来式。我的大学校园没有武大那樱花盛开的花季，也没有厦大那澄澈幽静的芙蓉湖，更没有北大那历久而生的人文气息。但是这些表面现象丝毫不会影响大学生活的丰富多姿。没有足球场但是有空地，没有网球场可以对着墙壁；没有直通城市的地铁，可以选择在乡村体验生活。不一样的环境，同样的心境，同样的色彩缤纷。也许将来你到了大学，也会发现自己的校园不是想象中的那么浪漫，那么亮丽，也许你会感到无比的失望。但请相信我，外在的并不一定能让自己心动，而真正的五彩斑斓在于内心，自己创造的色彩才是最亮丽最缤纷的！你可以参加各式各样的文体活动、社团活动，也可以毛遂自荐，去应聘学生会的干部或者班委。这些都能让你得到充分的锻炼，也能提高综合素质。大学的成绩并不是以试卷为衡量的标准，综测是很重要的，而参与这些活动对综测的加分都很重要。

初入大学，我还想说说你们最感兴趣的爱情。我想说，爱情是美好的，是神圣的，大学里天天上演着浪漫，同时却也天天上演分手的悲剧。爱情是一块糖果，起初很甜，等到融化后就会淡去，随之而来的是口干舌燥。对于爱情，一定要慎重，要有正确的判断，不要因为恋爱而迷失自己，也不要因为分手而失去希望。这些都是人生的宝贵财富，是一笔经验，它会让你以后走的更顺畅，更平坦。

尾　声

硝烟散尽，迷雾尽失，乱红飘飞，尘埃落定。一切都在沉默中进行，也必将在沉默中结束。所有的日子都来吧，让我编织你们。一个人在夜深人静的时候，独自编织你们，用汗水，用精力。我是这样走过，你们也终将踏上征程，莫要彳亍，休要彷徨，径自走下去，路在脚下，勇气和精神在心中。如果我还有什么要告诉你们的话，如果我的话会能使你们在未来的日子里有所帮助，那我想说请你们要坚持，要努力，要等待。

送给你们我最喜欢的一句话："无数变幻的世界里，原来，时间才是最大的小偷！"

因此，珍惜你们现有的时光才是最重要的！努力吧！

享受这里，我们在成长

现在回想起高三的日子，觉得很怀念。真的很喜欢那个时候的自己，也很佩服自己居然从没有一天偷懒——每天都能够坚持充实的生活：认真听课，回家看书。很清楚自己每天应该做什么，获得了什么，还差些什么。这样的感觉很好。

因为觉得自己在高一和高二偷了不少懒，而且还因为参加活动而影响了学习，所以总是告诉自己要在高三的时候弥补以前落下的一切。所以高三的我真的很努力。以前我总是和其他人一样，心里面有无限的冲动想拿到好成绩，可总是行动不起来。不过，高三完全不一样了。由于有一个好的开始，一直坚持着，所以并没有感觉到累我就走过了整个高三。

早晨六点起床，洗漱之后自己做好喜欢的早餐，提前出门骑车到学校，跑步之后在教室吃早餐，然后开始早读、上课，晚上回来一直学到十二点以后……这样的生活听起来很繁忙、很累，但是当时的我却很享受，因为我从来没有意识到这样的生活有哪里乏味。一年之中，我竟然几乎没有外出玩过，虽然并不是把所有时间都用在了学习上，但是我确定自己的心很平静，都倾注在了高考上。即使总是抱怨高考让我们变得很机械、很麻木，但我知道不论怎么抱怨，我们总得接受高考，没有其他选择。

说来也有趣，我的月考成绩一路上升，没有一次退步，直到最后一次月考，达到了成绩的最高点。可是那之后的模拟成绩一次比一次低，直到高考成绩成为最低点。不过我不后悔，因为我知道我努力过。

其实从高三开始时，我就确定了我的目标——我希望考到上海，最想去的是复旦。当时甚至还想过说不定我高考时

姓名：李毅婷
毕业学校：银川一中
就读高校：中央财经大学
专业：金融学
我的梦想：依靠自己的能力带着家人环游世界
我大学的目标：成功申请普林斯顿大学的金融学硕士学位

会超常发挥，可以去清华北大，即使如此我也要去复旦。当然，这只是一个假想，事实证明，高考只要正常发挥就烧高香了。在我填报志愿时，我的想法就是去上海，学财经类专业，当时按照我的想法其实首选是上海财经大学，但是在报志愿之前，我以为有很多比我分高的同学报了上海财经大学，所以就临时改成了中央财经大学。其实填报志愿真的是没法预料到的，因为总是有人滑档，总是有学校报空。只要好好研究报志愿的资料，依据自己的兴趣和分数，找到一个自己认为合适的大学就好。至于结果怎样，只能交给命运了。而最终不论被录取到了哪里，都只有接受的份。所以没什么可抱怨的，乐观接受并努力争取就好。

虽然不是自己最初的愿望，但是最终我还是来到了北京。当我们走到中央财经大学上庄校区的时候，每个人都迟疑了。因为当时大学一年级的我们被安排到了一个极其偏僻的地方，校园没有一中的大，楼没有一中的好，周边什么都没有，这就是我大一生活的地方。听起来我们是很可怜的一群，但正是在这里，我们享受了最简单的幸福快乐。

上庄是一个小镇，镇上的一切就好像银川九十年代的样子，很简单，很落后。从小在城里长大的我们第一眼看到这里，心里充满了失望，不过大多数同学抱着"既来之，则安之"的想法在这里开始了大学生活。

由于上庄太偏僻，我们的出行很不方便，每次出门光坐车往返就要4个小时左右，正是如此，很多有意义的讲座都不会来到这里。对于我们来说，有种与世隔绝的感觉。于是，我们在这个小校区中"自娱自乐"。

每天都能看到食堂前、告示栏、宿舍楼下不断更新的各种海报和通知，在茫茫海报通知的海洋中寻找和自己有关的信息。我就是站在人群中的一个。

我是一个比较乐于参与各种活动的人，看到各种比赛、招新经常会抑制不住自己的冲动跑去试一试，而现在我的生活内容几乎就是被我一次次"试"出来的。

最典型的例子就是在校辩论队招新时，我只是好奇辩论是什么样子的，所以想去试一下，体验一下辩论的气氛，结果就被通知进复赛。由于我觉得自己什么经验都没有，一定会在复赛中被淘汰，当时在北京家中休息的我怎么也不愿提前半天回学校参加复赛。后来由于妈妈的催促才勉强参加。更倒霉的是当时通知我的比赛题目竟然是错的，于是我就成为了一个完全临时准备并且没有经验的选手。幸运的是最后我竟然被选中进了学校辩论队。当然，辩论并不是想象中的那么简单，它要求敏锐的思维和流畅的表达。成为一个出色的辩手是一个需要付出很多的过程。由于我的"试一下"，我的大学生活中多了一部分——辩论，它带给我的是锻炼、快乐，还有一队好朋友，这真的是我在大学中收获的最重要的一笔财富。

当然，人也不能总是靠着幸运，努力才是硬道理。比如学习。

大一的我是商学院的学生，由于一年级的课程多为基础课，有一些关于思想教育和军事理论的课程，看似很没用，另外受到很多人的"熏陶"，于是有许多同学在大一时就开始翘课。我总是觉得翘课不是一件好事，只要有了第一次，以后总会不想上课，所以我总是尽量坚持上每一节课，于是就有了现在的结果——从上大学至今我从没翘过一次课。而且每次上课我几乎都坐在第一排，因为我觉得既然去了教室就应该不要浪费自己的精力，坐在第一排能让我收获更大。或许就是因为我课堂上的认真，我在第一学期期末考试中取得了班级第二的好成绩。当时没有觉得会影响很大，但后来发现，在大学中，好成绩可以带来许多自己想不到的东西，比如奖学金、转专业。

填报高考志愿时，大部分人对于专业并没有什么了解，所以都几乎只看自己对哪个专业名字比较感兴趣就报哪一个，而我就是这样的一员。不过我最后进的专业是被调剂的，这也说明在报专业时，多了解自己要报的专业是十分有必要。很多人在来到大学后都希望转专业，如果大家都转了专业，那大学就乱了，所以转专业的门槛设置得非常高。对于我来说，大一的好成绩就带着我过了那个十分高的门槛。从商学院转到了中财最好的专业——金融学。从此我的人生轨迹也随之发生了变化。

当走在校园里，活动满天飞的时候，一定要保持自己头脑的清醒，不要看到什么都参加，就像我当时一样，我刚才说到的只是好的一面，多多参与给我的大学生活带来了无限可能，但其实它还有另一面，就是这么多活动会使我感到迷茫。在大学中，最重要的就是明确自己的方向，知道自己以后想要的是什么，然后向着这个目标奋斗。广泛的参与或许会带来过程中的享受，但有时没有好的结果，很有可能发生的一件事就是你会觉得每天都过得很充实，但是一个学期过去了，自己并不知道自己得到了什么，甚至回想不起自己都做过些什么。

一定要明确自己的目标，让自己的努力更加有效。

走过大一，我才明白，当我们逐渐成熟的时候，做事情一定要有目标：如果你是一个想要得到结果，走向成功的人，一定要明确自己的目标，让自己的努力更加有效。因为我们的时间是有限的，如果想要有更好的结果，我们只能想办法提高效率。从同一起点出发的两个人，用同样的时间，只因速度不一样，他们走过的路程会有很大差异。这就是生活。当然，每个人的追求不一样，有的人享受过程，有的人想要结果，如果你想多享受不同的过程，那么你可以选择尝试各种可能，因为对你来说这样会有更大的收获，但是如果希望你的未来过得更好，你就得为自己的生活做出规划了。

　　在大学中，一定要知道自己的方向，清楚自己什么时候该做什么，了解自己想要的并尽力争取，最重要的是要有好的学习成绩作为保障。能够坚持这几点，你一定不会在大学的四年过去时感到后悔。

给亲爱的你

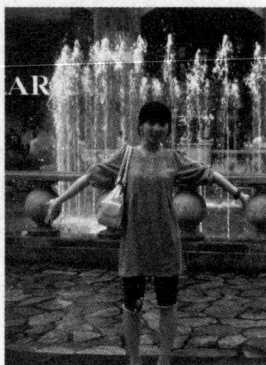

姓名：马怡婷

毕业学校：银川一中

就读高校：北京外国语大学国际商学院 金融、英语双学位专业

人生格言：山不过来，我就过去。

光辉历程：2005年全国初中生化学竞赛二等奖数学竞赛三等奖；

高中期间 担任校园阳光电视台记者，学生会纪检部生活部干事；

从初一至高三担任班级团支部书记；

2009年7月考入北京外国语大学国际商学院金融专业（金融英语双学位）；

北京外国语大学国际商学院外联部干事；

加入AIESEC组织北外分会人力资源部。

你好！听闻你的生活，与我曾经的有几分相似，呵呵。只不过，现在的我对于高中生活，是个局外人了，所以，想与你分享我的经历，希望对可爱的你、好学的你、刻苦的你，有所帮助！

我的高中

无论是高中还是大学对我来说，都可以用后知后觉来形容。

初中我是在唐徕回民中学度过的，那里有我相知相伴九年的好朋友，有我熟悉的不能再熟悉的唐徕公园、中山公园，甚至小吃小喝我都能说出哪家与哪家味道不同。高中选择一中，是父母实在不忍心我高中三年再舍近求远天天奔波。我带着不舍与些许的抵触情绪来到了银川一中。我来北京外国语大学报到时也有些许的抵触，北外，并不是我最想去的地方。在北外学金融，我更不知道该用什么来形容这个怪异的状况。关于这一点的转变，我后面会提到。

不过，幸运的是，我明白"选自己所爱，爱自己所选"的道理。况且，离开一个熟悉的环境，离开一个早就设想的结果，走走不同人生或许收获的更多，不是吗？

高一的我，面对整个班级没有一个熟悉的面孔，胆怯到不敢大声说话。第一天的自我介绍，我最后一个上了讲台。在黑板上画了个蚂蚁（据朋友们事后反映，像蟑螂），在旁边写下我的名字——马怡婷，给大家说"你叫蚂蚁停下来，它可不会停下来看你，不过，你叫马怡婷，我就会停下来哦！"这个自我介绍，让可爱的班主任叫了我三年的蚂蚁停。

这个新的环境因为我的微笑，因为一个极其外向的朋友的带动，变得不再陌生。度过了军训，参加了校庆演出，已经有了几个好朋友。不得不说的是，有的时候，周围的人对你的影响是极其大的。如果周围的朋友都是低调沉默的人，你的高调开朗就显得格格不入；如果他们都是喧闹爱玩的，你的安静又会破坏整体的和谐。朋友，真的是我们人生很大的推动力，这一点，大学更加体现得到，而以后，更加明显。希望你能意识到朋友是你人生中最最重要的宝贝。

跟着这个高调开朗的朋友，我变了一个人，不再是以前沉默不语的小妮子，而是积极地去学生会面试，进入了学生会。后来还进入了阳光电视台，虽然没等参与正式录制节目就退下来了，可是为了进入而自己拍的片子还在电脑里，它带给我的是与朋友的共同奋斗、共同快乐的证明。

高一期末，我以班级第一、年级第九的成绩，选择了文科。

为什么选择学习文科，我到现在都不知道。放弃了我喜欢的建筑学习文科，我不厌恶数学还很喜欢物理。或许，是被大人们眼中"女孩子学文科好"的思路带到文科领域；或许，我能说能侃的性格也让老师觉得我不是一个安安静静做事的孩子。

高二的我又来到一个新的环境。这个班级，只有8名男生，剩下的50多人全部是女生。上课从后面望去，成片的马尾辫。学习文科，本来是要继续发扬自己能说的性格。没想到，文科真的是个安静的学科，要安安静静地背、记，和外人想象的完全不同。文科，并不轻松的。家长们总说，高一很重要，是关键，高二决定了高考的生死。高三的重要程度不用再说。那么高二这段时间里，我放弃了学生会，离开了阳光电视台，只担任了班级团支书，但是两次班级演出的巨大成功，还是给生活增添了不少色彩。其余的生活、休闲和学习，有条不紊地进行着。

高三，黑色高三，很多人的形容。你也这样想吗？身处其中，确实感觉是黑色的，并不是因为它恐怖，相反，是因为它充实。那一年，从大年初三开始，我觉得每一天都过得极其有意义。黑色是最浓重的颜色，就像厚厚的踏实的感觉涂在心里。刚上高三的时候，因为暑假去北京学了新东方，回来晚了，不能静下来投入学习，第一次月考，是我上学以来的最低成绩：班级20名。一个严重打击的开始。接下来的第二次、第三次月考，状态都不能恢复到从前，但总分在不断提高，一次10到20分。2008年10月22日，在大家给我进行入党民意投票的那一天，我开始写日记。我觉得日子这么难熬，要记下来，以后稍有松懈，就让这些天的记录来激励我。真正开始高考奋斗是11月。因为许多人都被自主招生确定了加分项目，我因为前几次月考成绩不理想，根本无缘参加，让我很是难过。

寒假只有10天，大年二十八放假，就奔进图书馆。图书馆是我的全部。高三一年，每周满满的6天课，周天我还是选择吃一碗拉面，然后9点奔向图书馆，自习到太阳落山，6点回家。你知道吗？每每看到夕阳美丽的光射在我的身上脸上书包上，我就感到无比的幸福。这样的感觉，有多充实！那是充实的快乐！

从过年到6月7日，我觉得我已经进入自己最好的状态。这段时间，我每天夜里1点30睡觉，早上6点50起床。固定时间，早上不喝咖啡还会精神百倍。有时候晚上会一杯咖啡下肚，看看窗台上、书桌上、床上，全都是成堆的书、卷子、报纸，自己有种说不出的踏实。过了12点，家家户户都熄了灯进入梦乡，我看着外面的点点星光，内心感到的不是难过，而是快乐。那段时间，每个小小的进步都是那么的快乐，每学到一个自己没有注意到的点，都是充实的。有时候，觉得太累，就放下笔，对着黑夜狠狠地憧憬一下高考后那个美丽的暑假……

许多人高三就放弃了电视、电脑，甚至音乐。我没有。我到2月份还跟妈妈一起看了《我的青春谁做主》还有《倾城之恋》，也算缓解压力吧。网络我一直在玩，也在用，不过每周不超过5个小时。在4月份的时候，自己去办停了。音乐，一直没有放弃，如果生活中没有了音乐会很难过的，很多美丽舒缓的音乐陪伴我到高考。到了临近高考，手机也没有多少闲人来烦扰，所以一个月的话费破天荒的才有10元多。

日子一天天临近，越是临近，就越是要稳住，坚持学习。高考并没有提前放假，还是要到学校自习。我选择了学校图书馆，我一直都对图书馆情有独钟，觉得在一堆书里面藏着，极其的踏实。高考前两天终于放假，我搬了凳子，在阳台上把政治、历史、地理、数学公式全部背了一遍。

6月6日晚上，我11点30睡觉，没有失眠。但是半夜醒来，看到了极圆极亮的月亮。看了一会，偷偷溜到餐厅喝水，听到爸爸的鼾声，觉得很踏实。微笑了一下，继续回去睡觉。

6月7日早上，妈妈早早起来做了一堆吃的，天有点阴，自己不喜欢阴天。有点害怕，手凉。再检查一遍文具，放笔的是我买的小透明带，小透明袋连同巧克力放在中号透明带里面，中号的是妈妈买的。最后把中号透明袋还有纸巾眼镜盒准考证放在大透明袋里，大号的是爸爸买的。很温暖。提着袋子，出发了。

一旦开始考，就觉得极其的快。转眼间，这个12年等一回的考试就结束了。本来想的考后的疯狂，都没有。考完试，平静地和爸爸妈妈去了爷爷奶奶家，对于试题，自己不想去想。实话说来，许多题都是自己没有见过的，考点比较细碎，但是幸好自己在考前没有偷懒，完完全全背了一遍。建议你也不要去想它，想它无法带给你什么，一切都过去了不是吗？

等待的12天，极其漫长，又极其短暂。成绩出来那天是我的18岁生日。真的不知道这种巧合是种幸运还是不幸。19号晚上11点多，自己很焦心害怕，强迫自己看了《当幸福来敲门》，爸爸那边接了一通电话，然后就跑去找妈妈开始小声讨论着。我的心一下子沉了下来——爸爸没有高兴得欢呼雀跃，这样的表现足以说明我的成绩。我压住自己没说话，还是盯着屏幕，而大脑一片空白。

不知道多久，爸爸来拍拍我，我摘掉耳机。"婷儿，574。""喔。"我默然地戴上耳机。爸爸愣了一下转身离开。接下来的两个小时我根本没看进去一点电影，574，按照去年的录取分数线，我离自己向往的人大非常远了。前途一片迷茫啊。

第二天得知了排名，全区69，包括各种加分以后的。爸妈很高兴，起码志愿不是很难报。抛去可以计算的我上不了的名额，只有大概10个人我无法估计，基本除了顶级其他都可以报。然而在报志愿上我和父母有了分歧。父母一心想让我去北京，毕竟有亲戚朋友在那边，而且我从小常去玩，比较熟悉。而我想去南方，去闯闯新的环境。爸妈的意思是让我提前批报对外经贸，然后平行的四个志愿全部都是北京的学校。而我想四个平行报：南京大学、武汉大学、中国政法大学、厦门大学。他们很生气，妈妈在厦门出差，每天打很久的电话教育我，爸爸也语重心长地和我谈。长这么大，从没见过他们这么和我探讨过一个问题，甚至关于学习他们都没这样过。而我的坚持很强硬，毕竟是我自己的未来，我想闯闯。6月23号凌晨4点，我决意把第一批四个平行志愿填成我的想法。提前批，我满足了爸妈填了北京外国语大学，我上网搜了一下，找了个去年录取分数第一高的非语言专业(我不喜欢学语言)就是金融，报了上去。我的目的很简单，提前批漏掉我！交完表格，终于松了一口气。

事与愿违啊，7月8号早上6点，爸妈兴高采烈地拍醒我大喊："录了录了！"我睁大眼睛，"这么早？南大？武大？"妈妈兴奋地说"北外啊！你终于还是去北京啦。"一瞬间，我哭笑不得。这是一种命运的安排，还是自己一再妥协的结果？看着高兴的爸妈，看着全家人不再担心我去高温的南京、武汉受罪，我还是妥协了，比较愉快地接受这个结果。

"选自己所爱，爱自己所选"。没有做到"选自己所爱"，还是努力"爱自己所选"吧！

想想，这样走来，放弃我的建筑梦想学了文科，被迫放弃了我去南方的愿望终究来了北京，这些到底是命运的安排还是我一再妥协的结果，未来会怎样给我答案，我还不知道。"选自己所爱，爱自己所选"。没有做到"选自己所爱"，还是努力"爱自己所选"吧！不过，我目前给你的建议还是，最好选择自己喜爱的方向、专业、区域，并且结合父母的意见，作出一个周全的解决方案，这样是再好不过了。

想来高三这一年，有这么几点感慨。第一，要记住万事因人而异，许多学长学姐会给我们灌输很多他们的方法，也许对他们有用，但是并不一定不适合你。亦如我的方法，对你不一定管用。我就是属于越是半夜记忆力越好、越精神的。这点也许你不是。第二，前面不要冲得太猛，高三一年，都要保持匀速前进，如同长跑，刚开始跑极其猛烈，也许到后来就没劲了。调节自己的兴奋点，坚持到最后，而且越是最后越是要冲刺！第三，不要攀比，不要心急，有自己的计划，有条不紊地进行。第四，吃好，高三不能减肥！我高三早上吃一杯麦片、一个香肠面包、一个苹果、一个香蕉。每天吃10个核桃。吃好很重要！第五，尽量focus your attention。我高三下半学期没有逛街买过衣服，穿得极其朴素，人不可能面面俱到，想清楚你这段时间要的是什么，只为这一个目标努力，会更有效率。第六，可以实行自我激励政策，比如我给自己设定的是月考前进20分就去吃顿好吃的。

暑假，史上最长的暑假。其实和原来的憧憬有太多的差距。空虚了很久，天天睡了吃，吃了转。然后去了北京新东方学习了听力口语。幸运的是认识了很多北京的朋友。之后又和爸妈去了山东旅游。就这么快的开学了。其实看看别人，这个暑假有更多的利用价值，比如，学习另外一种语言，或者考证，或者实习。有点后悔。不过，也是休闲度过的最后一个假期了。

我的大学

北京外国语大学，当我报上我的学校时，很多人都会说："不错呀！学什么语言？"我汗颜地说："不学语言，在国际商学院学金融。"看对方诧异的眼神，我补上一句："是金融和英语双学位。"对方稍稍收敛诧异，还是很纳闷：怎么去北外学金融？

这也是我刚开始的困扰，来北外，不是应该学语言吗？这里有全国最多种类的语言，它的英语、德语专业国内的其他大学无法企及。而我，在可以选择中央财经、对外经济贸易大学的情况下，还是选择了北外（其实因为北外是提前批，所以把我拦下来了）。

不过，来了以后才知道自己是很幸运的。不错，北外的金融经济专业课确实不如许多财经院校，而它的双学位却让30%以上的毕业生进入高盛、摩根斯坦利、四大、玛氏、渣打这样的外企。北外超强的就业率和薪酬数很大程度是由国商学院拉动的。看着牛人学长学姐们的好去处，自己也不再担心、后悔。"选自己所爱，爱自己所选"，这个时候，我又想起了这句话。

在高三辛苦拼搏的时候天天期盼大学的悠闲日子，可以睡多一点，可以没有那么多东西要学，可以光明正大地谈场恋爱，可以有许多快乐的日子和朋友玩，可以参加丰富多彩的活动和社团……这也是你的想法吧？

真正进了大学，发现一切是真的，一切又都不是真的。

其实，大学的自己与高中的自己相比，只多了一样东西，就是选择的权利。而且你慢慢地会发现，选择，其实很难。这个选择你无法做到平衡，因为你一天只有24个小时。如果以后想考研，想得到好的GPA，要出国读研，甚至要保研，你就要拼命学习。而大学的课程并不如高中轻松，尤其我们不仅要面对困难的高数和经济，还要面对大二考英语专业四级，大四考英语专八的压力。而选择学习，你就不得不放弃更多的社团、更多的游玩，甚至爱情。如果选择了锻炼能力，多参加社团，那么注定你没有过多的时间泡在图书馆去学习。而我第一次意识到，爱情也是需要付出许多条件的，最大的投资是时间。同样，你如果什么都不选择，可以过上高中期盼的悠闲生活。

进了大学校门，心态就在短期内被打磨。这时候往回看，会发现许多曾今自己嫉恨的，自己担心的，自己顾虑的，自己放不下解不开的都变得很淡。会突然想家，突然意识到父母老了，会很孝顺，会因为自己要面对生活而学会体谅每个人生活的艰辛，会突然意识到再过几年自己也要恋爱成家了。

大学，真的是个学习磨炼的好地方。

快乐，努力，坚持

姓名：许翔宇
毕业学校：银川二中
就读高校：北京大学
专业：临床医学
人生格言：都说女人是水做的，所以男人注定了是杯具。人生就像一个茶几，虽然不大，但是充满了水和杯具……

光辉历程：初中还得过不少竞赛奖，到了高中让智商给限制住了，没得什么奖，但拿奖学金的次数还是比较多吧。唯一值得炫耀的就是组织排演了两次元旦节目，收获良多。

高中生活

我的中考成绩不怎么理想，但还是如愿进入了银川二中。"塞翁失马，焉知非福"，正因为中考成绩不很高，我才有幸进入了高一（2）班这个可爱的集体。在这里，我认识了小琨琨、凯、田儿、贺老六、龟、小王子、鑫儿、几爷、小公主……他们让我高一的每一天过得快乐充实，他们是值得交一辈子的朋友。我们可爱的吕老师，更是给了我们一个轻松融洽的班级氛围，我们跳街舞、打篮球、排英语剧，快乐学习成了我们班的招牌。高一的生活是那样的舒适、愉快，以至于把本该枯燥的学习也渲染得轻松、愉悦！

高一的快乐学习，让我的成绩一直很理想。到了高二分班时，分到了一个优秀的班级——高二（4）班。我们这个班级，从老师到同学，都有着一种严谨的治学态度。小勇老师做事一向是十分认真的，使得整个班级都有一种认真求学的氛围。高二的学习并不是紧张得让人不能呼吸，可以留一些闲暇做自己喜欢的事情，这样可以调节心情，让学习不是那么累。一年一度的元旦晚会，我想同学们还是不要错过，自己去编排个节目，展现一下风采，这整个过程真的是很有意义，很值得回味。我高二那年，就排了一个舞蹈叫《Dangerous》。在这个过程中，学会了很多东西，像合成音乐、队形设计、舞蹈编排等等，与此同时，组织能力也会有所提高。快乐贯穿在整个排练过程中，现在想起都会笑出声来，这可以说是一辈子值得回味的美好记忆。这个活动，让我整个高二生活过得充实而有意义，也是我高中生活中印象最深的事，借此向进入高三，课业量、作业量、复习量大幅升高，题目难度更不是高二所能比，这些使我一度手忙脚乱，考试成绩一次比一次差，可以说成绩与情绪一同坠入最低谷。高二成绩一向很好的我，有了极大的落差感和从未有过的危机感，甚至开始怀疑自己就没有能力去应对高考。这个时候，放弃就前功尽弃，坚持下去，不去胡思乱想，只管去学，去做。考前复习非常重要，书一定要仔细看，尤其是生物书。练习册，卷子上以前错过的题，我都标了出来，考前仔细过一遍，就会注意到许多自己容易犯的错误。考试技巧也很重要，高考题并不是每一题都会做的，要学会权衡时间、分数，正确取舍。高三拼的是毅力，更拼的是身体，中午一定要午休，天天熬夜是不可取的，规律的作息是精力充沛的保证，精力充沛是有效学习的前提。学习上或生活上遇到不顺心，别憋在心里，这样会产生烦躁感，十分有害，找个信任的人说出来，会好受很多。我高三总是找母亲倾诉，晚饭后跟母亲说说话，心情会轻松很多。就这样一直坚持下来，我三次模拟成绩一次比一次高，可以信心十足地踏入高考的考场了。临考之前的复习要有计划，有系统。每天各门课要穿插着看，别一天就认准一门课，那样是看不进去多少的。高考的前一天晚上，我有生以来第一次感受到失眠的痛苦，是越着急想睡越是睡不着，最后父亲让我看报纸，我从3点开始看，可能4点入睡吧。那两天身体是极度疲倦的，所以说高考能正常发挥就是超常发挥了。我建议学弟学妹们如果失眠，别着急，找个无聊报纸看，这招还是比较管用的。真正坐到了考场上，冷静答题就是了，跟平时考试没有什么两样，就是别迟到，别忘带东西。

高考过后，史上最长的假期到了，我是光顾着各种玩了。上了这几个月的大学后，我觉得这个假期还是应该去学点东西比较好。我建议学弟学妹们去学学英语，还有尽量涉猎一点大学知识。我一个假期光玩了，上大学以后学得有点吃力，课程确实比较难，尤其发现我的英语水平完全不入流。这里就提前祝愿你们过一个充实而愉快的假期!

大学生活

别的大学我不清楚，在北大学习是极度自主的，你的课表是自己来排的，课想去就去，不想去绝对没人管你，只要你考试能及格，什么事都没有，但是一旦不及格，麻烦就大喽，没有补考，只能重修。这个后果非常之严重啊，意味着你又得重新学这门课一学期，跟留级大概是一个性质了。

来到这里，所有的一切都得自己把握，北大不像别的大学，这里每天都是格外的热闹，尤其新生入学后。有"百团大战"——各种社团招新活动，在北大三角地带，围得水泄不通。之后又是国际文化节，各国留学生都在展现自己国家的文化，热闹非凡。再之后又是各个讲座不断，唐骏、欧阳自远、新东方的王强、孔庆东教授，都是鼎鼎大名的人物，让我们这些新生眼花缭乱……我同学就说："这儿干脆没有学习氛围。"所以有句话说"学在清华，玩在北大"。但这个"玩"，得看你自己怎么把握了。这些眼花缭乱的活动正是北大的特色，各种文化，各种思想在这里交织，就看你能否静下心来感受。能，你就会痴迷于这里深厚的文化底蕴，让你受益终身；不能，你也就只是去看了个热闹，玩了个开心，毫无收获。

在北大生活，首先会感叹未名湖夜晚的美丽，真的是让人陶醉的美。之后你面临的就是各种琐事，非常的麻烦。办各种的卡——澡卡、饭卡、校园卡，都得自己操心，过了那个点，没有人帮你重办。英语考级要自己去报名，新生体检要自己去跑点，所有的事情都必须自己去做，这时你会明白自己的父母老师帮自己办了多少的事情。大学不上课的时间确实多，但可以用来认真学习的时间还是很紧张的，这就是因为有许多生活上的事情要自己处理。真正开始独立的生活，我想这也是大学里的一门必修课吧。

想家。离家才知家里暖，生病才知爹娘亲哪。到了十一长假，冒着被挤死的危险都要回家呆几天，见见爹妈。不过不建议学弟学妹们也这样，因为确实能挤死。身在异乡才知家乡美！没来之前是那样的向往北京，来了之后发现这里真是没有银川好啊，城市太大，车辆太多，想出去转转景点，少说得一天，其中还有半天在车上晃荡。要不咱银川怎么是适宜居住城市呢，道路畅通无阻，想走什么地方都方便。大家珍惜在银川的时光吧！

○ 寄语 -

1. 高一快乐学习，高二充实学习，高三巧学习。

2. 在不耽误学习的前提下，多参加一些活动，锻炼自己各个方面的能力。

3. 注意劳逸结合，调节心情，做到事半功倍。

4. 多珍惜跟家人、老师、同学在一起的时光。

5. 充分利用老师这一资源，课堂认真听讲的效果要远比自己看书的效果好得多。

6. 跟着老师走，听老师的话，毕竟，老师们是非常有经验的。

那些年，那束光

姓名:顾小爽

毕业学校:宁夏灵武市英才学校

就读高校:中央财经大学文化与传媒学院

专业：新闻学（财经新闻）

人生格言:我不是失败者,只是还没有成功

光辉历程：全国英语奥林匹克竞赛三等奖；高中时期获得过全国语文能力竞赛二等奖和三等奖，全国英语能力竞赛灵武市二等奖，银川市三好学生……

我的高中生活

刚刚进入高中的时候真是个傻小孩，什么都不懂，虽然整天听着爸妈在耳边叮咛要好好学习，但还是感觉不到当时的一分一秒都和自己三年后的命运息息相关。不过对于学习，还算是上心啦。当时很让我郁闷的是试卷的分数一下变成了150，数学这门我一向不感冒的学科一下变得跟天书一样，我根本听不懂老师在说什么，前几节简单的还能跟上，到后面难的地方就只是听着，却无法听懂。悲哀啊！第一次月考成绩下来，我都惊呆了：物理和化学都不及格！那效果对我来说不次于一盆冷水泼了下来！还好，我经得起打击，以后的日子里，一有自习就埋在理化题目里，终于让我的成绩有了很大的起色，以至于到了分科的时候同学都建议我选理科，呵呵！所以，刚进入高中还不习惯的话，千万别灰心啊，我这么笨都能赶上来，你们也一定能的！

时间过得很快，一转眼到了又一个夏季开学的时候，就该分文理科了。高二这年可是个很关键的转型期啊，真不适应一个班里全是女生，只有个别男生的情况。最深刻的印象就是我突然从高一时的大大咧咧变得走路都有点小女生的感觉了，似乎不那样就不符合整个班级的格调，还蛮奇怪的……刚开学的时候心里很焦急，不知道怎么能过渡到老师口中的关键阶段，整天在心里默默地告诉自己是一个文科生了。其实所有事情都是那样，你心里的焦急根本不起任何作用，该经历的你会不知不觉地去经历，甚至回想起来的时候都不知那段日子具体是怎么过的。不过那个时候，就要一心扑在学习上了，每天早上都很早起来背政治、历史和地理，谁让那些文科老师整天喊着：一定要在高二把基础打好，高三复习的时候才能游刃有余！所以，每天操场上都是拿着文科课本背书的人，我也是其中一员啊。老师的话一定要听，尤其是那些说了很多遍的话，真是真理啊，不听会后悔的！

令人恐惧的高三生活还是如期而至了，那么自然地我们就成了毕业班的学生。唉，其实那年的生活还是挺黑暗的，每次周末和节假日自己只能眼巴巴地看着那些学弟学妹们背着书包高高兴兴地回家，心里那个感觉又岂是一个苦字可以道尽说完的啊！最受不了每次大家一放假，我们不是考试就是测试，郁闷死了！还记得第一次我们补课，大家都休息了，而我们高三的走到哪里都是空荡荡的，心里真不是个滋味啊！不过大家的心里都是有数的，每个人都很坦然地面对着高三学生必须面对的一切。当然，偶尔也会发两句牢骚，但在各位同学的团结一致下教室里又充满了苦中作乐的气息。还有每位老师孜孜不倦的教导，不厌其烦的解说，细心体贴的呵护，真的让我在学校的生活多了许多的温情。

至于复习方法嘛，也没什么特别的，最重要的是要从心里做好吃苦的准备，从容地接受残酷的复习。因为，你这么辛苦，为的是自己的未来，能这么想真的很重要，至少不至于稍微吃点苦就叫着喊着撑不下去了，那是懦夫的表现，因为不到最后一刻，永远都不知道结果是什么。我还好，在每天睡眠不到六个小时的生活中，在每次回家都能吃到爸妈精心准备的饭菜，听到爸妈温情的鼓励的生活中，在每次沮丧都能得到老师的帮助和同学的安慰的生活中，一直坚持着过来了，即使很累，但我不觉得苦。因为有那么多的人试图把你的苦变成甜，你又怎么能自暴自弃呢？

高考前在家冲刺的那几天，心理上是一点也不紧张的，也不是因为自信，只是因为比较轻松，这种状态一直保持到语文考完。俗话说乐极生悲，我算是体验过了，下午的数学把我彻底打击了，考完以后我的大脑一片空白，连话都不想说了，真是一种欲哭无泪的感觉。第二天考文综时只考了一半我的手就开始发抖了，心里莫名的紧张起来。毫无疑问，那天的文综考扯了，完全没考出水平，害得我们班主任在成绩出来后不停地教训我：你的文综怎么考的？至少少考了20分！唉，都是考数学留下的阴影啊！庆幸的是，最后一门是英语，我不断地给自己加油：一定不要紧张，考出真实水平！终于，英语考试一切顺利！

要说史上最长的假期，应该就属高考完的那三个月长假吧！不过这三个月可不好过，先是等成绩，成绩出来后又要张罗着报志愿，这可真是一门学问啊！在我们学校我的成绩是最好的，但还是不怎么好，如果要报我理想的中国人民大学，这个成绩是很危险的。值得庆幸的是，今年实行的是平行志愿，志愿的填报对录取结果的影响降到了最低。我的成绩，加上民族政策照顾分，是571。所以，在和爸爸商量了很久后，暂时锁定了中央财经大学，呵呵，也就是我现在就读的大学。还有中国政法大学。因为通过对比往年这两所高校在本区的录取成绩（包括最高分、最低分和平均分。不过，最重要的是看平均分，切不可只看最低分），我的分数与这两所高校的录取分数相差最小。参照了学校下发的平行志愿的解读手册后，我和家人一致决定，把人大报在第一个，作为冒险冲刺的对象，反正能否被录取都不会影响之后几所高校的录取。把和我的成绩最相符的中财和中政分别报在第二、三，是最稳妥的计划。一本的四个学校里，我最后一个填的是武汉大学，作为保底吧，和前面几所学校比起来，武大的分数在本区是相对较低的。

不得不提的是关于提前录取批次志愿的填报。提前录取志愿的填报不遵循平行志愿的原则，是以往那种志愿模式。

当时的我在提前批次录取的志愿里，第一个填报的是对外经济贸易大学，第二个我没有填，因为当时对自己填报的一本志愿比较有信心，我认为其中总有一个高校会录取我。事实证明，对外经济贸易大学的录取分数是很高的，预科的提档分都要580多，至于本科，不用说，一定更高了。而且，大多数提前批次录取的高校里，和它们的大多数专业都要求英语口语成绩，60分以上是合格，自然分数是越高越好了。

报志愿的那几天还是比较紧张的，好不容易考出成绩，如果因为填报志愿而留下遗憾，岂不是太可惜了吗？不过只要你根据自己的成绩、自己在全区的排名，和那些高校在本区的录取分数进行一下对比，尤其要注意将其平均分与自己的成绩进行对比，基本上就有大致的思路和打算了。如果还觉得不放心，还可以在网上去查看各专业的录取分数，或者直接拨打高校的报名咨询电话，进行电话咨询，为自己提供更多依据。

哈哈，结束了三个月的漫长假期，令我期待了十几年的大学生活终于开始了。不过刚进大学校门也没几天，如果要说什么经验的话，也实在没有太大的底气。大学生活真的很多彩，有很多有意思的社团，有许多名人的讲座，真是让人目不暇接啊！学习真的比高中轻松了许多，但也不能完全不管学习，尤其是英语和高数，可是相当重要的啊。我的学习自认为安排得不好，有许多漏洞，不过在一点一点地补上那些空缺，完善自己的学习生活。平时的生活也算不上很丰富，上上网、学学英语、逛逛街、睡睡觉，挺普通的大学嘛。关键在于你自己想怎么过，想好好学习，就可以每门课都去听，每天晚上去上自习，每个周末都泡在图书馆；当然，也可以翘翘不想上的课，整天坐在电脑前上网，或者一有时间就在街上溜达。至于后者嘛，我觉得这样的生活虽然自在，可真的是对不起父母，对不起自己啊！

还记得来北京的那天，一家人很早就起了床，起初一点离别的感觉都没有，因为爸妈都要送我去北京，所以也就没什么伤感的。可谁知道就在我怀着满满的好奇心上了火车后，送我去火车站的哥哥和嫂子带着我的小侄女哭了起来，我的眼泪便再也止不住，一直到火车发车了半个多小时，我已经渐渐远离我的家乡——宁夏的时候，我的眼泪才止住。此时此刻，我才明白那句诗："为什么我的眼里常含泪水，因为我对这土地爱得深沉！"想到我在离开宁夏，我的心理有种特别的感情告诉我：你是宁夏人！这一点永远都不会改变！任何时候，任何情绪只有当你真正经历的时候你才会知道那是一种什么样的感觉。

在学校里想家是难免的，不过我还好，因为高中住校住了三年，积累了点经验。只是有时候心里挺难受，特别想家。刚来学校的时候，我根本不敢给家里人打电话，我怕我会哭，会在电话里哭得稀里哗啦的，让家人担心。所以，强忍着心里的寂寞，默默地挨着，慢慢就好了。心理上的坚强应该就是这样练就的吧！对了，还有远方的朋友不时的问候，心里总会暖暖的。至于爱情，以后再说吧，担着父母的嘱托，怎么可以刚进校门就开始恋爱呢！所以，爱情应该是我在大学完成的最后一件事吧。

○ **寄语** -

1. 珍惜朋友，珍惜同学，如果你和同学之间有什么小误会或者小矛盾，请主动去化解，不要在乎谁对谁错，不要在乎你会丢了面子，不要给自己的高中时光留下遗憾，哪怕是一点点。

2. 抓紧一切课余时间补充课外知识，扩展自己的眼界，增加自己的学识，因为外面的世界比你想象的要大得多，外面的人也比你想象中的要强得多。

3. 用积极的眼光看待世界，用包容的心体谅他人，用感恩的心体贴父母。

从终点到起点

高中的终点，大学的起点

高三随着高考的结束而结束，然后是漫长的假期，然后我就步入了大学校园。

随着时间的延长，当我对大学生活有了深入的了解后，才发现大学各方面都不像想象中的那么容易。大学的竞争很激烈。大学和高中很不一样，没有人会管你，一切都要靠自学。而且，大学的老师只负责讲课，并不在乎你有没有听懂，这就更需要你自己从各个渠道去获取更多的知识。此外，大学的教室和座位是不固定的。这时候，对于那些重要的课程，尤其是专业课，就需要尽早去占座。并且，大学的课程貌似很轻松，课表比较空，甚至我们有很多翘课的机会，但其实，学习的好坏在大学是很重要的，它关系到我们期末的学习成绩。而好的成绩是我们以后毕业找工作的有力保障之一。

生活的方面，因为离开了父母，所以一切都得靠自己去做。这是在培养独立意识。其中，洗衣服、整理物品、打扫卫生是必不可少的。

刚离开家时，因为一切都比较新鲜，可能并没有很强烈的想家感。但是，过了两个月后，就会非常想家。想念家里妈妈做的可口的饭菜，想念以前的同学、老师、朋友，尤其会经常想念自己的父母。

所以，刚开始的大学生活，是一个需要适应的阶段。它在考验我们协调一切的能力，并让我们对于自己的未来做好初步的规划。

姓名：孙淑婷

毕业学校：银川一中

就读高校：上海财经大学

专业：美国会计

人生格言：要有最朴素的生活与最遥远的梦想，即使明日天寒地冻，路远马亡。

回望高一——起点

在上高中之前，有学姐学长告诉我说，高中是很辛苦的，和初中不一样，学习方法等都需要自己去摸索调整。

进入高中后，果然发现一切都是崭新的，初中的有些方法在高中都不适用。所以，刚开始的那一段时间，一些人会发现很多都不能适应。数学，突然变得很抽象。题目看不懂。每天的数学作业，虽然只有一页，却费力地做很久才能完成。物理，例如刚开始的牛顿第二定理及受力分析，不会运用自己的思维去领悟。那段刚开始的高一时光，大概有两个月，会成为大家在学习上最迷茫的时候。

这时，每个人必须仔细思考并反省自己的学习方法，并开始改进。要认真地做笔记，将老师讲的题及解题方法反复看并理解，最后运用到相似的题型中去掌握。学着去慢慢掌握高中的思维。

高一的课程是最多的，所以要考的科目也是最多的。很多人可能会想，自己高二会选文或者理，那么在高一时会自然轻视自己在高二不学的科目。但我要说的是，所有科目对培养我们的学习能力和思维都是有益处的。对于很确定自己要学文或是理的人，你可以轻视有些科目，但你绝对不能不学它们。对于不确定自己文理方向的人，要很清楚，高一是关键的打基础的时期，它是大家高二乃至高三学习的基石。所以大家对于高一的学习一定要重视，要在高一的各种作业、考试中学会总结、完善自己的学习方法。毕竟，好的学习方法是成功的一半。

过渡的高二

我选的理。进入高二后，高二少掉了文科的科目，新加了一门生物。都说生物是理科中的文科，所以在学习生物的时候，要背很多东西。从实验步骤到实验结论，任何细微的知识点都不能忽视。要注意总结知识清单，并且注重培养实验题的思路。

在高二，要将更多的精力放在理综上，通过更多的测验和往届高考的题目，将自己的知识强化。

心态很关键的高三——终点

高三和高二完全是不同的阶段。这首先就表现在考试上。

考试试卷的形式和时间开始和高考设置成一样的。理综统一在一张卷子上考，题目多，分值大，时间跟高二相比明显少很多。最初的几次月考中，可能很多人理综卷做不完，更不用说检查了。而且，因为时间紧张，心里就不由自主地慌张，从而导致会做的题也做错，拿不上分。接着，因为知识学得差不多了，而且高三的同步主要以总结复习为主，所以所做的题目大多数都是高考原题。高考原题的总概括性很强，常常是运用好几个不同的知识点去解一道题。在对于所有的知识点还没有完全掌握的情况下去做题，尤其是那些大题，会做到一半突然就没思路，或者直接不会做。

这时的我们，必须对自己进行审视，不能将高考看得太重要，将分数看得太重要。不能在无形中给自己施加压力，必须将自己完全放松地调整到最佳状态。

我们可以在考试前叮嘱自己，一定要心平气和，遇到不会的题目不要慌张，将能得分的公式等都写上。时间不够用也不要匆忙，不一定保证都做完，但要保证自己写下的都是对的。对于所做的题目，不要强求自己一定能做出来。

多抽时间跑去问老师题，从老师讲题的过程中领悟解题思维，并学着去培养自己解高考题的思维。

每一次考试后，将卷子装订好，去分析试卷，总结自己的不足之处，并摸索和完善自己的考试方法。

我一直认为，考试时的心态和状态是最重要的。所以，我在这里首先要告诉大家的是，心态和状态会决定一个人的考试结果。所以大家一定要学着去调整，去适应。

下面，我给大家几点复习的建议。身为一名理科生，要知道，理综是一门很能拉分的科目，很多时候总分的高低就取决于理综分数的高低。所以，理综的复习是关键。

对于物理。在复习阶段大家要仔细做好笔记。老师在黑板上写的，以及老师说的比较重要的，都要记下来。这些笔记，课后一定要反复多看。当老师讲题型时，对于相似类型的，一般老师会讲思路和通法。这些思路和通法，基本上是总结性的，课后要理解、弄明白并掌握，不懂要问老师或同学。对于物理概念要理解，而物理公式则必须要牢记，公式在大题上都会用到。每当复习完一块知识，老师布置的题目要认真做。之后，老师讲这些题时，要仔细做好笔记。而且，课后要反复抽时间看这些做错或不会的题目。物理实验的过程步骤和方法要牢记，将仅有的那几种实验自己总结后并掌握。

关于化学。化学方程式的记忆是不容忽视的。任何微小的标示，如箭头、角标等都不应出错。再者，要在老师带着复习后自己总结每个实验的步骤和现象，将易弄混的相关物质的特点记牢固。此外，实验仪器的用途也不容忽视。对于老师总结的必要的化学解题方法，如十字交叉法等要通过题目来理解掌握。复习时的笔记，要多看多背。对于做过的化学题，尤其是实验部分，要理解并从中培养一种化学的思路。

有关生物。要在老师帮助复习的基础上多背多总结，自己梳理并建立一个知识框架。对于书上的细微知识要多留意，要有印象。生物书要抽时间反复看。对于实验，要将每一个实验的步骤和结论理解并掌握，不能弄混。平时多做实验题，多分析，培养实验思维。要学会灵活地将知识运用到实验中，要善于将实验与课本中学习的实验多联系，开阔思路。可以利用图表等格式帮助对于生物知识的记忆。要注重回归课本。

关于报志愿

我的高考成绩是596分，其中语文122，数学119，理综227，外语128，属于中等。因为一直比较向往上海，所以在填报志愿时着重考虑的是上海的几所学校。我的分数很一般，所以学校和专业不能兼顾的。因为如果选好的学校，那么自己想去的专业肯定录不上。而如果选好的专业，那么学校肯定是稍微弱一些的。

因此，我根据专业，先填了提前录取的那张表，是上海财经的美国会计专业（这个专业第一次在宁夏招生，上海财经的会计是很有名的）。然后我填了正式第一批录取的表。不过后来因为提前批我就被录走了，所以这张表并没有检索。

2009年是第一次实行平行志愿，所以在填表时可以有更大的自由性。用老师的建议来说就是，第一和第二志愿，可以根据去年的录取平均分，填比你的分要高一些的那些名校，去冲刺一下，说不定就投进去了。而第四个志愿，则一定要保，要保证你肯定能投进去，不会落空。所以，大家要切记，对于自己的成绩水平，一定要仔细分析，考虑清楚后再去报志愿。千万不能四个志愿填成平行的，没有等级，这样很容易滑档落空，导致最后哪个学校也没有被录进去。

○ **寄语** -

我相信每一个人都可以顺利度过高三，只要自己相信自己。

那么，加油。

做最好的自己

——送给亲爱的学弟学妹一点心得

姓名：李林嘉（高考前一直用"李治"这个名字）。

毕业学校：银川一中

就读高校：西南财经大学的工商管理学院

我觉得自己一直比较优秀，曾经所取得的一点成绩已成为过去，今后还会有更多的机会让我书写成功。

人生格言：Quitters never win and winners never quit.（放弃者永远不会胜利，胜利者永远不会放弃。）

高考的硝烟已散去好几个月了，尽管现在生活在大学的校园里，但是时间风干的只是写满字迹的试卷，却没有风干我的记忆。高中那段生活始终都是我记忆深处的一段最美好的记忆，让我永远珍藏。现在的我在大学里拥有许许多多属于自己的时间，它们任由自己支配，主动权的瞬间转换要求的便是我们理性而正确的使用。你的四年是否有意义，真的取决于你的选择、你的努力、你的实现。

苦涩而甜蜜的高中

或许这是两个完全矛盾的词，但是走过这三年难忘岁月后，你就会发现所谓的矛盾恍惚间变得异常融洽。现在的你是不是喜欢在桌上写满自己的青春誓言；喜欢在墙上写下自己的无奈；喜欢在下课铃声响起的那一刻悄然睡去；喜欢在楼梯口和自己恋着的那个TA来个刻意的不期而遇。这些都很正常，学习固然重要，但它也只是高中生活中的一部分，把它当主业吧，而不是全部。

我从小学到初中，一直算是很守规矩的孩子，学习名列前茅。很感谢小学和初中的各位老师的精心培养，让我在中考时以石嘴山市惠农区第一名的优异成绩进入银川一中。刚刚升到高一，又是如此优秀的学校，兴奋之情不言而喻。而且从没遇到如此激烈的竞争，你的身边每一个同学都那样优秀，各市县的中考状元汇聚于此，感觉真的很爽。很庆幸高中三年我遇到了班主任蔡炜，一位非常好的老师，直至今天，他的谆谆教诲依旧烙印在我的脑海里。高一前几堂蔡老师的数学课，根本就是云里雾里，完全不懂，失落感一下子充满全身，第一次这么失败哪。但是，积极总结课堂知识，下课认真消化吸收，我逐渐找到了学习的感觉。对于不懂的知识只有投入更多的精力搞懂它，这是学习的不变真理。如今的大学刚开始都会开一些通识性课程，培养我们的综合素质，因此，高一的所有课程不管文理，大家都应该认真去学习，要记得学习不可太功利，充分利用一切资源丰富自己的头脑吧！

进入高二，面临分科，选文选理，首先要看自己的强项与爱好。然而，像我便是文理比较均衡，没有特别拔尖的科目，当然也就没有很差的科目。一开始我是选择了理科，毕竟可选的大学相对较多，然而，在和老师与家长仔细分析沟通后，又改选文科了，或许我是一个更加感性的人吧，呵呵。不同于理化生，文史类的学科更加要求你拥有缜密的思维。对知识的整合与迁移能力以及善于记忆的能力。我不是死记硬背型的学生，但却很注重记课堂笔记，我会把自己的笔记本制作得很精美很细致，一则赏心悦目，二则也能增加你与书本的亲近感，这点或许对你也有用哦。

数学和英语对于文科来说至关重要，这是基本技能，即使到了大学，仍然是重中之重，打下坚实的基础是所有想在高考夺魁的学生的必需，实力能证明一切。

高二是学习掌握知识的最佳时期，它可以让你的高三不那么单调乏味。此外，这一年中，我们也可以多参加自己喜欢的活动。我在高二加入了天文社、文学社，并且积极参加校园文化艺术节、英语周、校刊制作、元旦晚会等活动，就连运动会也报名参加了男子3000米跑，锻炼身体素质，重在参与么。当然了，兴趣爱好也没有放松，我继续练习绘画、书法，听钟爱的歌手的歌曲，比如周杰伦、Mariah Carey和Avril Lavigne。

高二的过渡时期，我的成绩稳步提高，进入高三冲刺的时候，我的心态应该说比较好了。高三的节奏明显比高一高二加快了许多，在这场马拉松跑当中，我们要做的就是蓄力、坚持和冲刺。

蓄力阶段：形成属于自己的学习方法，按自己的步伐前进。对于语文学科，要求背诵的篇目要早点背会，书本是中心，阅读一定要掌握方法，多与老师交流探讨。英语则是长期积累的，语法要时刻温习，听力要多听多练，力求每天都要灌耳。数学和文综则是可以迅速提高学习效果的。前者一定要跟着老师的节奏，不管你成绩有多好，踏实认真，不可眼高手低，不懂就问，万不可将问题积累。错题本最好有一个，如果没有也没关系，只要将错题多做几遍，也可以记住，这是需要你花费时间的科目，所以就请勿怜惜。文综要以书本为中心，多记记多背背不丢人的；笔记很重要，还是要有的，最后会有用的。

坚持阶段：四五次月考后，大家都会疲倦，这时适当的放松很必要。我时常和几个好朋友一起吃火锅、看电影，缓解压力。但是学习状态一定要保持住，记住：坚持下去！

冲刺阶段：不要犹豫，集中所有精力去学习！我的月考和模拟成绩都比较好，可是高考却出现了重大失误，成绩很不理想。这段糗事真的不想去回忆。我高中三年唯一一次痛哭。那是在领完成绩单的下午，全班人走后，我独自坐在曾经的座位上，想着我的高中结束了，手心攥着被汗水浸湿的分数条，看着上面比平时低了70分的成绩，情绪难以抑制，我大声哭了出来，那一刻好难受，真的。后来爸妈的鼓励让我振作起来，接受现实，继续走下去。谢谢你们：爸爸、妈妈！前车之鉴，亲爱的学弟学妹们，不要轻视高考，不能有一丝放松，绝对不能，全力冲刺！相信自己，你是最好的，未来掌握在自己手里，冲吧！

播种希望的大学

三个月漫长的假期我去学了英语，去逛了趟湖南，和朋友们无数的聚会，开心地发现它好短暂。9月，来到成都，走进西财大门，恍然大悟，我是个大学生了哈。这里不是北大、清华，心中有落差有伤感有失望，但抱怨无用，给自己加加油，为我的梦想努力奋斗吧！

> 记住该记住的，忘记该忘记的；改变能改变的，接受不能改变的。

大学还是学习的场所，所以别以为进入大学就可以摆脱书本，甚至于大学你要学习的量是中学的十倍以上。在这里，你需要充分利用它的"头脑"——图书馆，每天都能去那里泡一个小时真的很有用。自学是很难的，所以从书本里你要学会学习，让学习成为你生活里必不可少的部分，在别人做梦的时候你用行动实现梦想。与高中不同的还有很多，你将没有同桌，没有固定的教室，取而代之的是下课时立刻去换教室占座位，可能与你上课的人每天都不同，但你一定要记住，你是学校的主人，你是来获取知识的。平时多和老师谈谈，从那里你能获得好多课堂上得不到的东西哦。大学的社团不计其数，选择一两个真正感兴趣的，参与其中，锻炼自己，开发能力。学生会、团委也要有选择性的参与，在不耽误学习的前提下。我是要准备考研的，希望四年后考到北大，或是到美国的著名高校留学，所以我会将大部分精力投入学习中。当然，对于要就业或者创业的同学来说，社会实践至关重要。

我是第一次住宿舍，感觉很新奇，做寝室长之后觉得集体生活也蛮好的。试着去习惯吧，慢慢发现周围人的好，待人真诚一点、谦和一点、友善一点，大学生活也是很精彩的。学会独立生活吧，自己能解决的问题就自己搞定，别总是麻烦别人，朋友是互帮互助的，自己的生活当然要自己做主。

情感：亲情永远是最重要的，它不会索取什么，确实无私的提供一切。上了大学，远离父母，记得多跟家人通通电话，感情是需要维系的。

友情我看得非常重，大学里你会遇到很多人，君子之交淡如水，四海之内皆兄弟。结交了新朋友，千万不可忘记老朋友，很庆幸我在高中拥有那么多优秀的朋友，他们值得我永远珍惜。

对于爱情，不要心急，一切随缘吧。

○ 寄语

每个人都有适合自己的学习方法，我也只是经历过的总结出几条心得体会，拿出来与你们分享，希望能有一点帮助。

1. 高中时光短暂，切记明确目标，珍惜每分每秒，做你应该做的事。

2. 学习讲求方法，提高效率，不要贪图时间长，但求学习效果好。

3. 上课认真听讲，不管你多聪明，始终要尊重老师。

4. 笔记非常重要，用你喜欢的方式，让它们帮助你更有效的学习，成为一种见证。

5. 做题要选择适合自己的，练习要保质保量。我们文科生要多看课本，仔细研读考纲，系统地掌握所有知识点，直到融会贯通。锻炼缜密的感性思维，毋须死记硬背，但必要的记忆贮藏还是要有的。

6. 文科很有趣，多看看课外书也是很好的。我的高三基本上每天书包里都有些杂志，时常和同学们分享。推荐一下个人钟爱的杂志:《中国国家地理》《格言》《环球》《Vista看天下》《读者》《Reader's Digest》等。

7. 劳逸结合。紧张的备战高考过程中，从点滴中发现小小的快乐,时刻保持愉悦轻松。

8. 关爱亲人，珍惜身边的每一个朋友，时常感恩，传播爱心。

9. 不管高考结果如何，都要勇敢地接受现实，迎接挑战。也不管你的大学现在是否心仪，去适应现实，好好利用大学资源，提升自己档次，让自己变得更强。

一次失败对我来说算不了什么，未来的更多挑战我会是最后的胜利者，希望你也一样。一起加油吧!!!

青涩经历　与君分享

青青校园

高中生活的苦与乐只有身处其中的人才可真正了解，对于现在的我，已经尝不出其中的苦，装在囊中的只有淡淡幽香的甜。也许这就是记忆特殊且神奇的功效吧，它会将快乐放大，将悲伤缩小，让我们有信心，有勇气去面对下一个，下下一个，下下下一个挑战。这更应该被我们所珍惜。高中过得累吗？累！高中过得快吗？快！你是否做好了去享受它的准备呢？高中生活是珍贵不可复制的，它可能会包含你几乎所有最亲的朋友、老师的情谊，可能会集结你所有青涩的蜕变过程，可能会给你留下一个个闪光的里程碑……高中是一个变化莫测的时期，你会遇到情感上的萌动，成绩上的不稳定，考试的焦虑，家长的不理解以及老师的责备，这一切的一切都会成为你行进的阶梯，帮助你走向更高的山峰。记得，那时的我也是游移的，在理性与感性中，在学习与娱乐中，在自我与集体中。但是，朋友请相信，保持一颗积极乐观的心态是你向前的基底，勇敢是你的推理，理性与感性的交织便会带你走向一个新的高度。在高考复习过程中，始终不要放弃自己。任何科目都是有可进步的空间的。总结为以下几点：

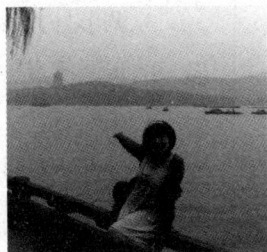

姓名：周婕
毕业学校：银川二中
就读高校：苏州的西交利物浦大学金融数学专业。它隶属学校的数学科学系，旨在为金融业提供具有定量分析财务能力的专业人才，它着重应用数学和统计学在金融系统中的应用。

1. 听老师的话，紧跟复习节奏，保证听课质量。高三的老师们都是有N年备考经验的，他们对试题的新锐度和熟悉度是给学生最好的指引。

2. 不要给自己过大的心理压力。压力可化为动力不假，但是过大则可以摧毁一个人的自信心。

3. 调节好作息时间，做到劳逸结合。不主张熬夜，在自修的过程中不要影响到隔天的听课质量。

4. 面对试题，要沉着冷静。即使不会做，没思路，也不要有心理压力，不妨放到最后慢慢攻克。如果它是难题，那么难到的就不会只是你一个。

5. 课外的训练不可少。很多科目都是可以依靠平时的自修培养感觉，以便更快地找到切入口。

焦灼的六月

刚高考完，那种如释重负真的是难以言喻。记住，快感永远都是短暂的！回过头来想想，12年的忙碌，甚至更多更重的付出，一下就淡定了许多，一下子卸下重担，人都苍白了许多。些许的感伤与落寞。你来不及怀疑什么，分数、录取线、志愿填报如期而至……分数线501，我却只有515。

对于我，这实在是一段困难时期。估出的分与实际相差50多，仅仅高出分数线10多分。这个让人膈应的分搅得家人、朋友、自己都有些抑郁。我们是第一批平行志愿的填报者，这种填报方式充分保证了高分录取率，降低了撞车与钻孔。第一挡放心地填报，尽可以选出自己喜欢的学校，冲一冲；二、三志愿作为平行高度，可以选择与分相持衡的学校；第四志愿则是保本。如果你想留在你所在的本级，就要细心填写一个即使前三都挂第四仍能是本级的学校。因为等待征集志愿，更是一个变幻莫测的过程，尽可能在最初做好工作。

挑选学校的时候，学校的软硬件和专业设置是首要条件。如果分不够高，又想走一个好点的学校，一是撞（风险较大）；二是选择有潜力的学校（例如本地人不熟知的，有较好的专业设置或是软硬件等）。所以我选择了西交利物浦大学。事实证明，我的选择是正确的！

专业选择，还是那句老话，兴趣是关键。大学的学习是自主学习，如果在专业课上缺乏兴趣，抗压能力较弱的话，很快就会被吞噬掉，白晃四年光阴罢了。丢了青春，丢了激情，丢了未来！

成熟蜕变

大学是一个自由且开放，残酷但博爱的世界。想要真正的融入其中，首先要学会的便是高度的自控力，生活上自理，感情上自控，学习上自强，为人上自尊。没有人会站出来，像高中时的班主任那样指出你或多或少的不足，主动的学习方式是为每个老师、同学所欢迎的。摒弃木讷，回归本真…… 刚进入大学，你可能或多或少感到有些落差，地方差异也好，学习能力也罢，相对的自信是我们都应该具备的。任何奇迹都有可能在此发生，好的，坏的，以一颗平常心对待。总而言之，在别人把你当回事时，不要太把自己当一回事，又不能不把自己当回事，其中度的把握还有待于自己的探索。很多人都说大学是一个小小的社会，其实它真的就是！如何去为人处世，打开你的人脉关系，都是不可逃避的议题。如果你不想默默无闻地混过四年，如果你不想像一个书呆子只有理论而无实际，如果你不想像高中时期那么循规蹈矩地生活，那么你需要锻炼你的口才。

从你的兴趣出发，从了解自己出发，为自己找出一条适合自己发展的道路——职业生涯！

更重要的仍然是学习，但不是全部。大学生有别于高中生的最重要一点就是，他们有足够的自信、自理能力去应对学习以及做他们感兴趣愿意做的事情。谈到兴趣，同学们，不要吝啬去挖掘你的兴趣，兴趣是能力培养的动力。在我们有心有力的时候何不尝试一下呢？谁能说你的这一个兴趣将来不能变成你职场竞争的制胜筹码呢?! 最后，我想说的是，我们现在完全有能力也应该进行职场规划！职场规划并不是大三大四才能考虑的问题，而是现在，从你的兴趣出发，从了解自己出发，为自己找出一条适合自己发展的道路——职业生涯！同样的学习，晚出发的人与你接受同样的进度就好比是大雨侵袭，湿的只有地表；如果你从现在开始，这一点一滴的专业知识逐渐渗入你的心。待到初入社会面试时你就会发现同样的学历，manager就会变为你的准bass！

○ **寄语** -

奋斗是幸福的，带着梦想高考也许一切都不一样了。

梦想如何照进现实

姓名：李熠萱

毕业学校：银川一中

就读高校：北京电影学院录音系音乐录音班

座右铭：追求卓越，做顶尖的录音师。

QQ：410563146

作为艺考生的代表，首先要澄清一个问题：艺考生不都是差生，且并不是所有艺术院校的录取分数都很低。"艺考生=差生"，这好像已经成了人们的一种惯性思维。在很多人眼里，只有文化课成绩不好，才会去走艺考这条路。然而时代改变了，艺术院校的文化录取分数在一年年提高。例如中国传媒大学的编导、录音等专业所要求考生的文化分数至少要超过一本线三四十分。2008年电影学院录音系音乐录音方向的分数还只是310分，仅仅过了一年，这个录取分数就涨了170多分。显而易见，艺考生素质提高是大趋势。面对这样的事实，原先对艺考生有偏见的人是不是应该改变看法呢？

所以，在此要提醒各位想靠考艺术来上大学的同学们：三思。文化课和学习，孰轻孰重，自己的能力够不够。你想要有收获，就必须有所牺牲。你们要仔细斟酌，选择了艺考，耽误的文化课是否能补回来，凭自己的实力是否能考得上。如果结果是考不上，那之后的一切你是否能承担。这个选择真的就决定了你以后的人生会是什么样，所以千万千万，量力而行。

接下来，就为大家介绍一下艺考的流程以及各个需要注意的点。

一、艺考程序

第一步：在每年的12月初，你所在的学校会通知你报名参加省统考。省统考是艺考的第一道门，而且是非考不可的。目前宁夏回族自治区省统考只有三大类：音乐、美术、舞蹈。即使是考其他的专业，比如播音主持编导等，也是需要报名参加这个考试的。但并无考试内容，会由招办发证来证明你参加校考的资格。所以不管是什么专业，这个统考必须参加。题目不难，但必须顺利过关。注意：音乐类必须要唱歌，而且必须是美声或民族（我也觉得很变态，不知道以后政策会不会变）。在关注省统考报名的同时，也要留意你想考院校的网站，通常这时学校会开始网上报名或者贴出招生简章。注意：一定要仔细研读招生简章！咬文嚼字！不懂的要通过各种渠道查询！

第二步：经过充分准备后，1月份的省统考就来临了。考试的地点一般都在宁夏大学，住在老城的同学要早早起床，天气很冷要多加衣服（考试前你是等在外面的）。由于我是考音乐类的所以大致说一下音乐类的考试内容。音乐类分为主考和副考。此外，还要考乐理、视唱、练耳等内容。在考试的前一天要自己去考场合伴奏以及看考试安排。这个考试的成绩可以直接用于区内大学艺术类专业的专业录取线。所以即使简单也一定要重视起来。但是如果你考外面的学校，只要拿到合格证就可以了。

第三步：1月底或者2月初，就是你们闯天下的时候了。前面说到的招生简章就起到了非常重要的作用。你要关注招生简章要求的考试时需要的各种资料，这些东西非常重要，所以要仔细地整理好放在身边。现在大多数院校都实行网上报名，但是报名过后是需要现场确认的。所以考到哪儿，这些资料就带到哪儿。很多同学到一个城市为了稳妥起见总要多考几个学校。这个方法是可取的，但不要太多。你心里要有一个最终的目标。学校报得多，考试时间就容易重叠，所以要有所舍弃。另外，即使是家长陪在你身边，你自己也要关注自己的各项考试安排，这是你自己的事情不能指望别人。

无论在哪个年代，诚实、谦虚、踏实都是最优良的品质。

这一点用到艺考中非常合适。有些人复读了好几年校考，他们的经验会让你学到很多。有些人会告诉你哪个学校多么黑，艺考的水多么深。可是实力，是任何东西也埋藏不了的。学校是看重人才的，有人拿钱拿关系买个大学，是没法生存的，在艺术院校里更是这样。相信自己一万遍，梦想就一定会成真。

二、我的艺考

我高二就确定了要考录音这个专业。热爱电影和音乐，擅长机械，这样的优势组合让我决定了未来的道路。所以各位小朋友们，梦想是想出来的，不是你们高考过后填志愿自己长出来的。文理分科前就该想想自己的目标是什么。当时想考中国传媒大学，后来又知道了电影学院也有这个专业。接下来就开始准备了。选了好几次曲子，结果定下来的是久石让的《Summer》。曲子很简单，可我却一个音符一个音符地弹了一年多。考乐理、视唱、练耳，都基本是自己学加上问爸爸。高三课业繁重，每天做完作业看完书才开始学习专业，熬到很晚。我跑去问音乐老师借了音乐教室的钥匙，为了每天放学能练一小时琴。很快乐的经历。

校考时候一个人在北京，一个人去安排所有的事情，真的是非常好的锻炼。认识了一大堆的朋友，读到很多人艺考的故事。早晨5点起去坐地铁，晚上回来熬通宵复习文化课和专业课，很辛苦，很难忘。我记得我那时候报了中国传媒、电影学院和浙江传媒。第一个考的就是电影学院。报名的时候我就认准，这是我的学校。说出来你也许会觉得搞笑，报名时我刚好排在第100个，学姐们就送了我一份早点。哈哈，我爸爸说这是缘分，我也这么觉得。当然，我爱上这里并不只是那份早点，而是考试时那种规范，那种有条不紊，一切都是按程序来的安宁感。电影学院很小，却处处散发着迷人的气质。在这儿参加完考试，就不想去别的学校了。后来的结果真的很好啊，以全国第六的成绩走进了我向往的地方。

永远不要低估一颗冠军的心

姓名：马辰

毕业学校：银川一中

就读高校：北京理工大学

专业：软件工程

人生格言：永远不要低估一颗冠军的心。你可以倒下，但你要像一个男人一样战斗到最后一分钟。

光辉历程：从小学至高中一直担任班长；跟随校队获得全区青少年篮球比赛亚军。

刚上高一时，感觉挺懵懂的，一天傻傻的，对什么都挺好奇，对什么都挺新鲜，然后就是天天打篮球，天天跟着我最敬爱的班主任狂侃，就这样一天天快乐地活着，这种快乐的生活一直持续到了期中考试。在考试前，我同学还说我肯定能考前5，可结果呢，是惨淡的21名啊。这对我的打击很大，刚上高中的第一次考试就如此惨淡，以后还怎么混啊。不过我静下心来想，我考得如此不好都能到21名，要是考好了，那岂不是……我又重整旗鼓，紧跟老师脚步，成绩也是节节攀升，直到高一下学期末的第6名。这时，我们遇到了一个非常棘手的问题——分科，我毅然决然地选了理科，被分出了原来高一的那个班，离开了我最喜欢的老师同学，感觉挺伤感的。

刚上高二时感觉挺不容易的，被分到了一个学习成绩极其强悍的班级，周围的环境如此陌生，周围的同学如此陌生，一天下来也说不上几句话，感觉非常孤单和落寞。不过事情总会向好的方向发展，我跟周围的同学慢慢混熟了，我发现他们其中也不乏篮球的狂热爱好者。高二的学习与高一还是有些区别的，学得东西更难了，我不得不牺牲大量娱乐时间去学习。结果还好，在高二第一次期中考试中考到了第18名，在这样一个班级中到这种成绩，我感到还不错。以后我就逐步稳定到了班里的第10名。在这个过程中我渐渐摸索到了自己的学习方法：每天把所学的东西复习一遍，每周把这周所学的东西复习一遍，每半个月把所学的东西做一小结，这样循环往复下去，不断进行有效记忆。

一上高三就感觉到了学习气氛的不同，教室里的欢声笑语少了，换之以"刷刷"的动笔声，"咔咔"的翻书声，教室笼罩在沉闷中。我和大家一样，也是埋头苦学，不敢有一丝的怠慢。每天都过这种生活人会被熬干的，所以我遵循了一套劳逸结合的方式：每周三、五、六下午放学必打篮球，周六晚上出去上网1.5小时，周天晚上学习一段时间然后去看电视，其余的时间基本是用来学习的。

当然我喜欢有效率的学习，效率才是王道啊！语文要的是平时的积累，要想短时间内提高基本不太可能,建议平时多看些类似《读者》《青年文摘》的杂志，多做摘抄积累。数学，没的说，就是多做题！但要做那些经典的典型例题，不懂的问题要即时解决不能拖拉，越拖问题越多。物理，最重要的是弄懂概念，如果你把概念都融会贯通了，再加上一定量的练习，学习物理基本不成问题。化学，琐碎的知识点特别多，每条都要求去记忆，因此怎样去记就非常关键，建议把它们编成顺口溜之类的东西，非常便于记忆。生物，看书就是王道，多看几遍书对生物学习帮助非常大，对一些经常考的概念要重点记忆。英语，不要奢望专门找时间学英语，以上这几门已经把你搞得死去活来了，因此英语学习在课上就比较重要。注意以上六门最重要的一点就是：要跟着老师的脚步走，上课打起一百二十分的精神听课。做好笔记，把老师强调的最重要的东西写在笔记本最醒目的位置。在这里向大家推荐一本辅导书——《五年高考三年模拟》，这本书相当不错，里面包含了许多重要的内容。当然你现在看的书也不错，对你高考的每一步都有很大的帮助。

在高三心态非常重要，有些好学生总考不出好成绩就是心态不好。因为我一直遵循上面所说的劳逸结合的方法，所以心理状态一直比较稳定。当然，在考得不好的时候，心情也非常低落，这时我会打打篮球，出去逛逛，心情就会好些的。成绩没有达到预期也不要失去自信，信心是你成功的保证。

在高考之前，我的心理状态一直比较稳定，我每天都会去打打篮球，活动活动身体，因此在高考前甚至在高考期间我都没有失眠的情况，睡得非常好。在考场上也不怎么紧张，一切就是按部就班地进行。我觉得高考就像一场梦，到最后一场考完，梦醒了，一切都结束了，高中生涯就此画上了句号。

○ **寄语**

要先学会怎样做人，人品要远比学习成绩重要。不要做学习的机器，能力才是王道。

世界因你不同

反复斟酌得偿夙愿。

我的高考分数是582分，在全区排名247，2009年高考宁夏的一本控制线是468分，高出一本线114分。由于09年宁夏第一次施行平行志愿的志愿填报方式，所以往届报考的参考性就下降了。简单来说，平行志愿可以为高分同学保证进入最顶尖的大学，同时保证分数不理想的同学可以进入大学学习，总的来说升学率是提高了。我平时爱摆弄电脑硬件，所以对电子电气类的专业比较感兴趣。电子类有几所实力强悍的学校：清华大学、电子科技大学、西安电子科技大学、上海交通大学、东南大学等。与小时候在上海生活过一段时间有关，我铁了心要去上海，再考虑分数，我就把上海交通大学放到了A志愿，把同济大学放到了B志愿，其后依次是东南大学和电子科技大学。虽然同济大学的电子类专业实力并不很强，但坐拥上海地区优势，未来发展应该是可观的。

课外书推荐:《小王子》《世界因你不同》。《小王子》是我的老师推荐给我的，当年她给我推荐时说了这样一句话：看过这本书你会在浅显中发现深刻。这里和学弟学妹们分享。《世界因你不同》是李开复的新作，这是他的第一本自传性质的书，书中讲述了他从出生到今天获得如此成就的历程。看过会让你明白你的人生究竟该如何规划才不至于荒废。

大锋无刃勤能补拙

我从来不是一个顶聪明的学生，这一点我自己是清楚的。但是，这不代表会因此连进入一流大学的机会都没有，只要你做到两个字：坚持。

姓名：杨凯

毕业学校：银川一中

就读高校：同济大学

专业：电气信息类

座右铭：一个世界有你，一个世界没有你，让两者的不同最大，这就是你一生的意义。

——李开复

1. 保持听课状态。上课的40分钟必须牢牢抓住，没有任何理由松懈。课堂上老师的讲解可谓字字珠玑，有时就是你理解整节课内容的关键。我说的坚持的精髓也正在于此。如果三年中你能做到每节课都认真听讲，那必然是优秀的！

2. 保持好的做题习惯。做题的过程还包含了复习的过程。遇到不会做的题再正常不过，但是遇到以后如果短时间内做不出来就不必死磕，建议你把这道题圈出来，及时请教老师。做题的时候自主的思考最为重要，因为你的思考就是理解并运用知识点的过程，如果一道题是你完完全全通过自己的思考做出来的，那么这部分知识你肯定会掌握得很好。所以做题时首先要做的就是思考。坚持这样的习惯也是我的经验。

3. "弹性"地坚持。对于不必要的机械重复就没有必要坚持了。比如有一些重复抄写的作业如果觉得没用也就不必写下去。当然也千万不要强迫自己天天熬到一两点两三点，如果觉得今天的任务完成了，那完全可以放下手头的作业去睡觉了。所谓弹性，就是把自己有限的精力合理高效地运用到学习中去，以达到最大的产出率！

三年时光——与青春完美的交集

1. 感觉到学习压力怎么办？高中阶段来自学习的压力是不可避免的，成绩好坏、排名高低都是压力来源。每当我觉得课程难到有些应付不过来或者成绩下降时，我都会主动去和爸爸妈妈沟通。爸爸妈妈是我最亲近的人，我把我的焦虑倾诉给他们，他们往往会给我讲些道理来开解我，同时会在生活上更注意我的情绪变化并及时找出问题所在。这样一来即使成绩不好也可以及时得到爸爸妈妈的理解，压力就在无形中消弭了。

2. 人际关系出现危机怎么办？每个人有每个人的个性特点，这也注定一个人不会被所有人接受。故而有时候会遇到被一些人疏远、排挤，甚至是被别人在背后说坏话。因为我就有过类似的经历，在高中，大家的交际往往产生一个一个的"小圈子"，圈子里的人关系密切，但对圈外的人就比较排斥。所以我往往会抱着一颗真诚的心，试着对任何人都有一个真诚的态度，这样久而久之，我也被更多的人接受。所以如果你感到有这样的危机，不妨试着去完善自己，让自己更可亲，危机自然解除。

3. 困了累了怎么办？高中的学习是高强度的，放学后还要坚持几个小时的学习，累了、困了是常有的。有些同学觉得每天学不够时间，所以即使特别疲惫也坚持去学，殊不知恰恰影响了效率。我有一个小方法，希望对你们有些帮助：晚上学习感觉到累了就起身活动活动，然后用凉水洗洗脸；或者做些家务活也可以帮助换换大脑。这样就会减轻一些疲惫感。但是如果觉得实在很累，就毫不犹豫地去睡觉，因为保证第二天的听课效果是首要的。我还得提醒大家，慎用咖啡浓茶来提神。

4. 感到迷茫怎么办？高中最大的目标无非是进入一所理想的大学。可是大家有时候也会想：考不上理想的大学，我是不是就是失败的？考不上大学，我是不是就没出息？我认为高中时期迷茫的产生多来自成绩不好，不够自信，不认同自己。不过完全没必要困惑、苦恼，试着为自己多订立几个小的目标，比如这学期要把某一门课的分数提高到期望值；这学期名次要前进5名等等。每完成一个小目标就会收获一份大的自信心，从而激励着你去完成更多的目标。这样一来，迷茫就被克服掉了。

用功不辍终当一览众山

复习是"织网"的过程。看似简单实则是艰巨的任务。首先织网的每一根线是每一个知识点。所以复习的时候一定要弄懂弄通，可以参照以前的笔记、书和练习册，通过复习每一章每一节把细小的知识点以及对应的题型掌握。

语文要勤背勤记，背古诗词古文；多记文言实词虚词。数学要熟悉公式定理，并且结合知识点做较全面的题型，不求多，只求精。英语则要扎扎实实地扩充词汇量与句型。物理知识点多，课堂得紧跟老师，然后根据复习进度及时熟悉知识点，并多做题加以掌握。化学得勤背化学方程式，然后用复习的练习册来做题。化学的知识点在题中隐藏一般较深，所以大量做题才能真正熟悉知识点。开始碰到不会的题不用紧张，随着题量的增加，做题也会越来越得心应手。生物也要多记，知识点是一大类的，要抱着严谨的态度来弄清楚知识点的是与非，这对于选择题的分数至关重要。接下来便是织网的工作，这个层面上所有科目基本是共通的。通过第一轮复习，已经对知识有了基本把握，这时再把课本拿出来，仔细研读，努力找出不同知识点之间相联系相渗透的地方，最好再辅以综合不同知识点的题。通过"织网"的过程，会慢慢地让你对知识有更深刻的了解，这样以后碰到新题的时候，你就会有清晰的解题思路了。最后是"密织"。多做题，多做模拟题，来再一次巩固加深对知识点的印象，至此，知识网络便算是真正"织"成了。

在高考前的一个星期你就要开始逐渐调整自己的心情了。你要坚信一点：我已经过一年的复习，所有的知识都在我的掌握之中，任凭你如何考，我都有能力应付！这样的暗示会帮助你克服胆怯与恐惧的心理。相信自己，你一定有你过人的能力与天赋，而这些足以助你打败高考！

进入考场，就要忘掉高考的目的，忘掉高考将会有的结果，甚至忘掉父母亲人老师的期盼。唯一所要记住的，就是考试，对，仅此而已。心里只盯住一个目标：展现真实的自己。这样会让你甩掉包袱，在考试中最大化地发挥自己的实力。

十年砺锋开启新的旅程——大学

1. 学习求知的圣地。大学的学习是一个新的开始，课程更难，需要投入更多的精力。大学的学习是自主的，你可以选择学什么，可以给自己规划怎么学。大学的资源是开放的，而你，正是一个"冒险王"，去发掘知识的宝藏。

2. "宅男宅女"制造工厂。进入大学以后就正式迈出了独立生活的第一步。但是宿舍生活容易滋生腐败的生活方式——三餐都在宿舍解决，一觉睡到大中午，打游戏打通宵……就这么宅在宿舍，慢慢腐朽。所以在这里要提醒将来的大学生，一定克制自己，养成一个规律、健康的生活习惯。

3. 剪不断理还乱的占座情节。占座在大学绝对是永恒的主题。上课占座、图书馆占座、吃饭占座……有时会让你完全崩溃。我初入大学，不懂规矩，一次去图书馆自习，发现一个座位上有一本书，但桌子上没有，于是我拿起书放到一边，准备坐下来开始自习，可谁想旁边的小姑娘恶狠狠地说："这个座位我已经占了。"我徒呼奈何，占座陋习何时可禁？

4. 丰富多彩的课余生活。大学里的活动那叫一个多，吃喝玩乐方方面面无所不包。歌手大赛可以尽展歌喉；美食大赛可以大快朵颐；加入社团可以聚餐、春游；加入学生会可以搞联谊……总之名目众多绝对让你眼花缭乱。但是玩归玩，学习还是首要任务，所以奉劝大家将来进入大学后要合理安排自己的课余生活，劳逸结合最好。

○ 寄语 --

愿所有的学弟学妹努力修炼，成就一身睥睨天下的功夫，在高考考场上所向披靡，最终完成自己的梦想！

阳光总在风雨后

姓名：吴姝洁
毕业学校：银川六中
就读高校：中央财经大学
专业：金融工程
人生格言：一个最大的
胜利就是超越自己
工作经验：曾经在高考
后出去打工
所获奖项：初中获英语
希望之星优秀奖，高二获高
中数学联赛二等奖

承受风雨

大家好，我是吴姝洁，毕业于宁夏银川第六中学，于2009年考入中央财经大学金融工程专业。首先，借着这次机会，我希望介绍自己的中学生活来帮助大家有一个很好的学习规划。

我初中和高中都在银川第六中学就学，在那里我度过了人生中十分重要的时刻。我以前初中学习很不好，在班里倒数第几。那时候对于学习没有多大的兴趣，并且经常和同学出去玩。那时我对于自己的人生没有规划，没有抱负，没有目标，现在我都不敢想象以前自己是什么样子。但是到了初三那年我完全变了一个人，我每天学习到很晚，上课认真听讲，我感觉自己完全变了一个人，就连我自己都不认识自己了。在那一年我努力学习，从班里的后进生冲到了班里前20。可能这些成绩对于很好的学生不算什么，但是对于那时候的我来说就是一个巨大的进步。最后我中考考了全校的第36名，这个成绩是家里人想都不敢想的，不过我做到了，那时候最大的梦想就是学校把喜报亲自送到父母的手里，父母能够为有这样的女儿而自豪。

高一的时候就是学校的前30名，每天认真学习，最重要的是上课认真听讲。利用高一的时间看了几本名著，有《红楼梦》和《傲慢与偏见》等等，所以我希望大家能利用高一的课余时间多看一些名著，对你以后会有很大的帮助。在高一时我还利用课余时间来锻炼自己，学会了打篮球，至今我都还坚持锻炼，毕竟身体是革命的本钱嘛！

高二学习就有点紧了。老师每天都会讲很多，课程的进度加快了很多，所以就没有高一那么轻松了，每天都会有很多的辅导书等着我去做，我才发现高二确实在高中阶段非常重要，如果高二学习不认真的话，直接会影响高三的学习状况。我认为我就是抓住了高二的学习才让我高三能够比别人轻松一点。此外高二还要吃好，并且要经常锻炼身体。

刚刚进入高三，我开始没有紧张的感觉，但是慢慢的我就感觉时间好快，所以我自己就抓紧时间努力学习，冲刺到了全年级前10。有时我会冲到年级前5，当然这种时候很少。但是我会经常激励自己说我还是很有潜力成为前3，所以我会奔着这个目标去努力学习。

在这里我希望介绍一下我的学习方法。对于很多人来说，我的高考成绩可能很低，但是却是我最满意的，所以我的方法你们可以借鉴一下，但是未必就是最好的。

我认为学理科就是要多做题，我没有学习的天赋，所以我就自己刻苦学习，买了一套比较经典的套题，以做这套题为主，争取做懂，做透。还有一些其他的辅导书。放弃了自己的玩耍时间和看电视时间而用来学习，毕竟这两年要以学习为主嘛。文科是我的弱项，不过我做到了认真听讲，我的文科成绩一直很一般，可能和我小时候读书少有很大的关系吧，所以我希望你能够利用课余时间多读一些名著，这样你以后的文学素养会有很大的提高。

我认为除了平时学习很努力之外，考试心态也很关键。我考试那几天心态很好，每天晚上很早就睡着了，但是我的很多同学晚上一直失眠到两点，影响了第二天的考试。所以我希望即将高考的同学能够在高考时有一个好的心态，争取发挥出自己的最佳水平！

迎来阳光——走进大学

在这里有着不一样的学习方式，以前是老师逼着我们学习，现在完全是自主学习，同样的上课，几乎没有作业，全是自己在课后自己学习，所以这需要我的自制力。在大学中，学习还是主要的，只要我们是学生，我们的主要任务就是学习。其实在我看来学习反而会让我们的生活变得更加充实，难道不是吗？

在这里我们都要学会自立，很多事情都是自己做，自己解决，自己处理。首先要把自己应该做的事情做好，还有就是要处理好同学之间的关系。在大学我认识了很多来自五湖四海的同学，我们有着不同的生活习惯和生活方式，但是我们能够住在一起，并且能够一起快乐，我们以后就是几十年都不会相互忘记的老朋友，生活中即使有小的矛盾，互相退一步不就海阔天空了吗？我们也不能忘记不要乱花钱，大学生活需要我们自己理财，至少我认为我自己在这方面做得还不错，我没有乱花钱，我花的每一分钱都是用在有用的地方，有时花很多的话我自己都会感觉很心疼。我希望马上要上大学的同学们，上学可不要乱花钱啊！

我上大学最舍不得的就是爸爸妈妈了，以前干什么事都会叫爸爸妈妈，然后会让他们陪我散心。可是上大学之后他们不在身边了，有时候会有点不习惯，但是时间一长，也就习惯了。我还是会常常打电话给他们，告诉他们我在大学的一切，好让他们放心。在我眼里亲情是第一位的。我还很想念我的好朋友，他们分别在四川、西安和银川，离我有点远，不过我们经常会联络感情，而且我会在中财认识很多的朋友，所以我对未来的大学生活很期待！

高考的志愿填写

高考成绩未公布时我就已经开始了填报志愿的准备，我首先根据考试答案大概估算了分数，估算了自己的最高分以及自己的最低分（我的实际分数是在这个范围之内），然后上网查了很多资料，比如自己想去的大学、自己想去的城市、自己喜欢的专业等等。我个人比较倾向于好专业，因为这会影响我未来的发展方向，所以我先就自己的喜好下手，然后咨询了家长对我未来的希望，以及很多老师的建议，我就决定向金融这个方向发展。之后我开始查找中国各大高校中金融方面发展比较好的金融学校，最后我查找到了西南财经大学、南开大学、中国人民大学、中央财经大学、上海财经大学等几所大学往年的分数区间，然后进行记录。不久高考成绩就出来了，我知道了我在全区的排名，再与往年的分数相比我的成绩在往年应该是什么分数段，比如我就估算了自己的分数在往年是610分左右。然后我就开始查找往年这个分数可以上的大学，再看自己在这个学校可以考上的专业，再对专业进行比较，最好是能够上你喜欢的大学的好专业，这样是最好的。你同时也可以根据本学校的咨询电话进行咨询，这样可以了解更多的关于大学的信息。最终我选择了中央财经大学金融学院的金融工程专业。这个专业是我的第一志愿的一个专业。

金融工程专业是最近几年国家刚刚兴起的热门专业，金融工程在20世纪80到90年代在国外开始出现，中国2002年左右才正式引入这个专业，所以这个专业只在几所高等的财经院校开设。这个专业与国内的金融学有着一定的区别。金融工程专业的数理要求较高，讲究实践与理论相结合，而且更强调创新和创造。金融学则更讲究理论知识。金融工程专业的就业前景较好，是一个比较好的专业，在中央财经大学、上海财经大学、西南财经大学等高等财经院校都有开设。

○ 寄语 -

希望学弟学妹们考上自己理想的大学，成为国家的栋梁之才！

向阳生长

姓名：任莉
毕业学校：银川一中
就读高校：中央民族大学法学与英语双学位班
人生格言：转机往往在看似最无望的时候降临。

高中历程不算光辉，当过数学课代表以及团支部书记，宁京会理事，现任团委外联部干事、社团联合会调研部干事。

关于我自己

每一天都感觉到自己的成长

想说未说的话还有那么长

我不会再矫情地抑郁了

也不会像没长大的孩子

不停地索要和奢望

更不会再像一只没头没脑的苍蝇

肆意挥洒自己的人生

至于我将来的生活

不管是端庄还是妖娆 璀璨或者平凡

我的青春都要是鲜活的纯粹的

我对别人的期望 对事物的看法越来越宽容

但对某些原则却越来越坚持

我偶尔改变

我知足常乐

有人说我活得没心没肺

但我的确是在用心过活

我不悔

明白我们都一样

曾经用心想呵护的土地 突然变成废墟

仔细算计小飞行的距离怎么提前落地

为何对渺小的自己充满怀疑

刚进入高中对人对事都是新奇而充满挑战的，但如同歌词，发现什么是被埋没的滋味。

对于很多跨入一中门槛的新生来说都有这样的感觉。放下忧虑，鼓起勇气，不要让过去伴随你太久。因为未来的路会更加漫长。

我们都一样　有一双翅膀 能够去飞翔　能够去流浪
我们都一样　各自有光芒 我们都一样　有一种漂亮

记住，总有人会欣赏你。当然前提是你得付出努力，付出真诚。

高一的学习，你就是封建社会的佣农，没有资格拥有自己的土地，没有权利抱怨辛苦，唯有默默的耕作。有人不断地来收租，来检验你的成果，不适与压力下的你会觉得高中生活为什么如此令人抓狂令人痛苦。但上了大学以后，你会觉得这种束缚也是种小幸福。

高一的我十分低调，也没哪方面拔尖的，所以如果你和我一个类型的话不必焦躁烦恼。

良好的开始是成功的一半，但也没人说就是全部。关键是你要有上进的意识，及时发现原来自己需要提高和充实的还有很多。

发现自己不一样

高二出现频率最高的词就是“分班”了。文还是理如伊人般的让你朝思暮想辗转反侧。

如同上一篇中说的，如果你成功地做了一个佣农的话，这会儿问题就不大了，看看你文科田里的庄稼收获大还是理科园里的果实更丰硕。实际来讲，兴趣第一，实力第二，潜力第三。三者并驾齐驱缺一不可。我对地理和政治比较感兴趣，这是我选文科的主要因素。当然有时候兴趣源于实力，潜力很关键。因为如果你只有兴趣而成绩太平的话，潜力可以让你在日后成为一匹后来居上的黑马。有机会就和老师交流沟通。如果他说你有潜力，其实潜台词就是他有信心把你塑造出来。老师都有信心，自己还有什么好犹豫的呢！

高三一年是可以创造奇迹的，但是你得有那份勇气，所以以踏实的学习为铺垫对以后还是很有利的。另外，选择之后不要后悔。曾经班里有同学经常对着历史书勾画生物细胞、对着地图册幻想有个什么从树上掉下来砸到自己聪慧的脑袋上。停止你的优柔寡断的臆想，既然选了就要对自己负责。如果你不能立马适应分科的环境，就尝试着找个舒服的姿态被灌输内容，开始或许沉重，但不要放弃，因为足够的实力会增加你的信心和兴趣。

做好自己的榜样

高三最值得一说。人生道路上黑暗的事情很多，高三其实真的不算什么。如果你听到类似恐怖高三的谣言时就这样安慰自己吧。高三前半学期还是以打实自己的基础为主，跟着老师走，不怕吃不饱。如果你眼界很高，可以适当拓展，或者有意愿参加自主招生。这个时候就可以有方向性地做做提前准备，在此不再赘述。 其次不要被眼花缭乱的参考书晃花了眼，有针对性地选择适合自己的并且坚持使用下去。系统性的教程会让你高三一年充实而有条理。

第三，在下半学期我认为要针对自己的弱点对症下药了。比如数学不好的同学，你的成绩和你的草稿纸数量是要正反比的。紧抓那些老师强调的重点，不放过一个知识点。虚心很重要。我曾是怀着虔诚的心问遍了班里的同学，或许其中有的同学成绩不及我。询问是为了更好更快地发展。

第四，心态要平稳，不要急躁不要迷茫，专心很重要。如果你投入到一件事情里，不仅会发现它的乐趣所在，而且能从获取的成就中爱上它。没有人天生爱学习，凡是爱学习的人基本都是这样做到的。

第五，能力。能力包括的内容很多，认知能力、接受能力、领悟能力、变通能力、思考能力等等。每个人自身有不同的条件，但共同点都要有意识地增强自己的各方面能力，接受和领悟能力好的同学一般会在更少的时间内掌握更多的内容，所以当你看到有的同学不熬夜也能考得好的时候就不用奇怪了。我是个下不了苦工夫的人，因此就比较重视在能力方面弥补不足，很多时候事半功倍。

复习方法

先说英语——学会如何在漫长的旅途中激流勇进。

平时积累是必须的。相信任何一个学生都知道，英语学习有个好处就是娱乐的时候也能学习，比如听英文歌曲、看英文影片，既可以增加英语知识，也可以很好地调节自己被压抑已久的情绪。如何激流勇进呢？作为一个优秀的学生，不仅功课做得好，还得有分析和思考力，考试重点你得看，围绕一个重点有连串的若干内容，将这些内容概括综合就是所谓的考点，而不是将每一个内容当重点，这样的话你永远有复习不完的东西，还会有丈二和尚摸不着头脑的感觉。

再说政治——学会做一头爱吃枯草的老牛。

为什么说是爱吃枯草呢？想想看，一共四本书，从高一到高三，这草长得够老了吧！对于这不新鲜的东西你得保持高度的新鲜感，不厌其烦。学文就是这样，没有好的记忆力就做敦实的牛，把它们咀嚼咀嚼再咀嚼。慢慢的你会从中领会到此课程的精华甚至还有做题的灵感哦（看你的悟性了）。

最后，关于数学。我本人最不擅长数学这科，对于大多数文科生来讲数学阻碍成绩取得质的突破。如果能在最后关头抓起数学分，优势显而易见。不管你成绩如何，不要畏惧它，我相信勤能补拙，也相信所谓的奇迹会在汗水浸润中发芽。最好选择一个跟你水平相当的同伴一起来学习数学，一起找题目，一起在规定的时间内完成，一起为对方批改并且改正。如此在不知不觉中，就会淡化因数学本身给你造成的压力。

填报志愿

2009年是宁夏第一次试行平行志愿。之前我对平行志愿的填报方式进行了全面细致的了解。我的成绩高出一本40余分，不算高分，所以选择时比较谨慎。我比较看中的是专业这项，所以放弃了"一冲二稳三保"的流行说法，根据自己的意愿选择了中央民族大学的法英双学位班，于是开始着手了解它的历年招收分数，一般有公布最低招收分，计算与当年一本分数线的分差，如果你今年的分差大于往年分差那么就说明比较有把握，是可以考虑的。

此外，有的同学会比较重视学校本身的硬件设施以及环境等外在因素，但是以我个人观点，"看起来很美"其实并不是很重要，所以理智的你不要过分被这些因素干扰到你对学校的选择。

大学生活

正如大家所熟知的，中央民族大学是个色彩斑斓的民族融合大集体。

走在校园里，会远远看到戴着纱巾的半蒙面女子姗姗而来。风中更是别有风韵。

迈进食堂门，想起那句："吃在民大。"种类丰富，来了快一个月每天都不重样。

这里的老师很年轻，我们的老师基本都是女博士、女博士后，而且都年轻靓丽，无疑为枯燥的课程增添了无限的吸引力。课堂氛围比较轻松，不同风格的老师会带给你不同的视听享受，你会感叹上课也如同参加一场盛宴。

生活便捷自然不用说，小有小的好处，出门去哪都方便快捷。有句话：麻雀虽小五脏俱全嘛！我们学校西门很是热闹，吃的用的一应俱全，还包括各地特色风味小吃，很是有人间烟火味。

大学不仅是要学习，更是要生活！

对于大学生活不必有过多顾虑，开始以为自己缺乏基本的生活自理能力，但真的到这儿，会不断地发现自己有如此巨大的潜力，很多东西不学就能搞定！其实每个人都一样的。总之呢，每个即将成为大学生的同学，尽情憧憬你们的大学生活吧，你想要多精彩就有多精彩，一切在于自己！

○ 寄语

1. 考试有技巧　领悟很必要
2. 不要太疲惫　应对要有方
3. 难题不要怕　敢问就有救
4. 营养跟得上　不要亏身体
5. 兴趣是老师　增加兴趣点
6. 打造好氛围　创造安全感
7. 实力助成长　良性循环好
8. 学习讲途径　尝试新方式
9. 张弛要有度　最后猛冲刺
10. 相信你自己　只要敢拼搏

高质之中，迈向大雅之学

姓名：高吴林涧
毕业学校：银川一中
就读高校：北京理工大学
专业：计算机科学与技术
人生格言：靡不有初，
鲜克有终
光辉历程：2006~2007年
担任银川一中校刊美编，制
作并且发布了校刊《墨泉》
　　代表学校参加宁夏机器
人足球竞赛，并获得团体第
一名。
　　参加"感恩的心"大型
演讲活动，担任钢琴伴奏。
2007~2008年参加学校
英语周，在英语短剧表演中
出演男主角，节目获得校一
等奖。
　　参加信息学奥林匹克竞
赛，初赛中获得全区第八名。
　　以上机测试满分的成绩
通过国家计算机等级考试2
级（C语言）。

　　高中这个字眼，在我看来是那么的熟悉。虽然成为一名刚进入大学不久的新生，我同样会时不时地回头审视我的高中生活，也会不时在不断前进的人生之路上停下来，回头看一看我所走过的一切，即使有悲伤，即使有汗水，即使有的事情看起来不那么光彩，但它们就那么真真切切的在那里，给我警醒，鼓励我前进。

　　高一那一年更多的时候是在适应，适应新的授课方式，适应新的同学、老师，适应新的学习环境，甚至有的同学要适应新的生活。你有一年的时间来适应身边的一切，但是我希望你能把适应的时间缩到最短。进入高中最初，抱怨作业太多，抱怨老师太严厉，这些都很正常，可是要很快地调整自己的心态。是的，这就是高中。你已经来了，所谓既来之，则安之。尽快地停止无用的抱怨吧。

　　高二是关键的一年，关键不在于你怎么听课怎么学习，而在于你的态度。"态度决定一切"是我们班主任常挂在嘴边的一句话，很多人在这一年受不了各种压力，开始贪玩，最终在高三的时候没办法收心，更有甚者从高二就开始放弃学习。高二一年，在学习之余请你在空闲的时间多思考，不是思考题目，而是思考你的人生走向。文理分科会是你人生的第一个岔路口，在选择你喜欢的科目的同时你应该对你今后想要从事的行业有个大致的印象。还有就是你要知道你真正想要的是什么，是高耸的象牙塔，还是好的工作，还是提早进入社会。高二会留给你很多的时间思考，把所有你有疑惑的东西都弄明白，对你，有益而无害。

　　关于学习，一定不能放松。在高二很多学校都要结束或者即将结束全部的课程，要抓住这个机会彻底地学习。

现在，你进入了"噩梦般的"高三。是的，那如你所想的，只是带引号的噩梦般的。在我即将进入高三的时候，一个大一的姐姐跟我说，高三将是你最有意思的一年。当时我不屑一顾的全当做没听见，可是现在，大一的我还是要对你们说，高三会是你很充实而有意义的一年。高三，所有人都会为两个字而努力，那就是"分数"。我不敢保证高考是唯一的出路，但是我可以保证，高考绝对是达到理想最简单的出路。大多数情况下，焦急的家长们会为你报很多的辅导班，我的建议是，选择性地上这些辅导班。如果你真的觉得它们没有用处，或者用处不大还浪费你学习的时间，请跟你的父母好好说说，并且请广泛地接受各方面的意见和建议，就算那一百句话中只有一句是对你有用的，那也值得。

关于情感方面，实际上高中将会是大家面对很多情感问题的时候。友情，你可能会接触到各种各样的朋友，但是我相信只要有一个诚字在，那么至少你不会吃亏。不要浪费时间跟同学们闹别扭，他们在你需要的时候永远都是最坚实的后盾。关于亲情，请珍惜你最后的在家里面的日子，也许父母会对你发发脾气，那么也不要跟他们吵。试着去理解他们，并且让他们理解你。等到上大学了，离开家了，你会觉得有人在你耳朵边上唠叨是多么幸福的一件事情。

最后，关于爱情。我一直不提倡滥用"早恋"这个词。我觉得只要人有了情感意识，有了亲情、友情意识，那么为什么不能有爱情的意识？只是，有的时候只是喜欢，不能上升到爱的高度。爱，包含的太多太多了。我恋爱过，也被伤害过，我知道恋爱的甜蜜，也知道那种痛苦。"爱情的喜悦转瞬即逝，而爱情的痛苦却遗留终生"，对于高中时候的爱情，请三思而行。不要当做是过家家，有的东西不是我们想的那么简单。而且，它会很耽误学习，而且会让你的时间如流水一般、金钱如黄河决堤一般，流逝。

复习之中，一定要跟着老师的思路走，你只经历了这一次高考，而老师们带过好几届高考的学生，他们远比我们有经验。虽然我比较反对题海战术，但是适当地做题还是很重要的。注重的不是你做题的数目，而是要把每道题做精，学会举一反三，下次见到这种题目保证能拿下。

高考在比你知识积累掌握的同时，还比你的心态。临考心态很重要，要知道，题目难，对大家都难，在你不会做的同时，也许有很多人也在发愁这个题目怎么解。你调整好心态，你就比他们更胜一筹。备考时期的心态也很重要，几乎所有的人都会觉得压力大，觉得紧张，甚至静不下来学习。在这种时候你需要的就是平静你的心态。试着做几个深呼吸，做做体育运动，看看其他与学习无关的书籍，都是很有好处的。

在我看来，高考考的不只是实力，不只是心态，还有少许的运气。然而这个方面体现最多的就是志愿的填报。正在实行的平行志愿使得填报的工作不会特别的复杂，可是一定的技巧还是需要的。

首先，在你的成绩下来之前，你最好对自己的分数有个大概的估计，然后按照历年的分数线挑选几所你认为可以上去的大学，然后细化到某个专业。由于同一所大学很有可能因为专业不同而分数相差很大，所以光看大学是远远不够的。网络是个很好的工具。在这里你可以尽情地看到你想知道的所有信息。比如，新浪的高考频道就会给你带来很大的帮助，在比较分数的时候最好不要比绝对分数，而是比分数跟当年录取分数线的差值。有能力的同学可以切身去你想报考的大学看一看，俗话说百闻不如一见，当你亲身站在大学之中，你的感觉绝对是不一样的。

在高考成绩下来以后，尽快从你的悲伤或者喜悦中逃脱，好好地看看你想要上的大学。一个比较智慧的方法是，按照当年的大学排名和大学录取的名额做成一张表。比如。全区前30上清华北大，30~50名上上海交大之类。然后把你的全区排名跟这个表做个对比，相信这跟最后的结果相差不远。

还有就是广泛听取别人的意见，最好是有认识的学长和同学，打听打听心目中学校的情况。

平行志愿其实还是有一定的滑档率。为了避免这种情况，A志愿填写比你分数高的学校。俗称冲一冲。很好理解，这是对自己运气的考验。B志愿最好就按照自己的情况，填写符合自己分数的学校。然而C志愿要低于自己的分数，但是不要太低，不要一旦录取了自己觉得亏。D志愿是为了不滑档，所以要保底。请填写一个远低于自己分数的。

另外，由于大学提档很有可能会超额提档，所以为了减少滑档的危险，尽量要避免压线的情况，也就是你的高考成绩刚好比某大学的低那么一点点。这样的话有可能你会被提档，因为你的分数线在录取分数线之上，然后因为超额名额的存在，你可能会滑档。

对于专业的选择，首先选择自己有兴趣的，其次，选择自己的成绩所能上的最好的。有些人一再争执是要先选择大学还是先选择专业。我的意见是选择你喜欢的专业，因为无论以后要做什么，兴趣永远是第一位的。

如果你获得了一份自己想要的录取通知书，那么恭喜你。你将会和我一样，成为一名大学生了！

大学，也许是你向往的地方。我的大学，与我想象中的还是有些偏差的。也许与我们学校的地理位置有关。方圆两公里少有人家，通往学校只有两路公交车，其中一路还经常晚点。

北京理工大学（BIT）良乡校区也因为太与世隔绝被世人叫做良乡理工大学（LIT）。但是总体来说，我对我的大学生活还是很满意的。

　　大学的学习方法一开始也许你不会适应，老师只起到了一个辅助的作用，你可以完全自学，可以翘课去听别的课，也可以翘课去图书馆自习。没有人再限制你做这做那。因为你就是你自己了。班主任只是一个虚设的名字。从开学到现在，我只见过她老人家两面，其中一面还是偶尔碰到。一切都要靠你自己了。我努力加入了一个与专业相关的社团。在那里，我认识了很多大二大三的学长学姐，他们可以说是对我的大学生活帮助最大的人。小到在哪里取钱，去哪里买牙膏，大到专业走向，就业形势，他们都不遗余力地告诉我。那么如果你也觉得迷茫，认识几个学长确实是很好的方法。大学的生活有点自己过日子的感觉。

　　每周安排时间洗澡、洗衣服。然后周末要去购物，然后考虑你这个月是不是要拿出你生活费的一部分买一个吉他什么的。一切都在你自己。你可以像我对面的室友一样天天逃课睡觉，然后说"我是来体验大学的。明年我就回去读高四"；也可以像旁边的室友一样，每天5点半起来跑步，然后自习，写作业，泡图书馆；还可以天天窝在寝室里面打DOTA、看电影。这就是你掌握你自己生活的时候。我相信等到这个时候，你自己应该对你的生活和目标有一个定位了。那么也不需要我多废话，顺着你自己的意愿做下去。

　　我们的辅导员第一天开全体会议就跟我们说，大学，除了学习到知识以外，你们另外一个重要的任务就是找到一个好的伴侣！所以，请放亮你的眼睛吧，现在是你出手的时候了。

　　时常给家里面打个电话，因为在那头，还有两个人非常牵挂你。也不时地跟你高中的兄弟姐妹联络联络，他们永远会是你坚强的后盾。

　　大学有很多事情可以做，比如刚刚结束的"百团大战"。没错。所谓百团大战，就是一百个社团招新抢人的战争。你会发现这里有各种各样的社团，总有一款适合你。那么，将你的兴趣发挥到极致吧！在社团里能锻炼你各方面的能力，千万不要放过这样的机会。还有就是学生会。虽然很多人说那就是使唤人的地方，但是还是值得一去。而且进入学生会一般都要经过面试，那也是一种经验不是么？还有各种各样的比赛和活动，比如"深秋歌会""挑战主持人""象棋比赛"。每天都会有各种各样的传单发到你手里。当然，从另外一个角度讲，你永远不会缺少草稿纸。

学习依旧重要。如果你有好几门课程都不合格，那么很有可能你拿不到学位证，或者被退学。所以，请不要认为在大学就没有学习成绩的好坏了。成绩好坏依旧重要。记得，大学是你最后一次能够系统学习专业知识的时候了！在毕业之后的日子里，你不会有大把大把的时间用来学习。因为你有着自己的事情要忙，工作、家庭。有人提供你饭菜，提供你住所，让你获取知识，何乐而不为？但是也不要没命地学习。提升自己的综合能力一样的重要，尤其是完成工作的能力。因为这样，你才会在今后的工作中让你的老板满意，而不是被人骂做书呆子。

大学，终究只是一个教学机构，重要的是你怎么看待时间段意义上的大学。如果你用心发现，那么请相信，大学的生活绝对不会让你失望！

我的大学生活还在继续，相信你的大学生活也在不远处向你招手。

最后，借李开复的名言送给所有还在为自己梦想奋斗的人们：

"要有勇气去改变可以改变的，有胸怀去接受不能改变的，最后，有智慧去分辨两者的不同。"

计算机科学与技术专业介绍
主要学习计算机科学与技术方面的基本理论和基本知识，

接受从事研究与应用计算机的基本训练，具有研究和开发计算机系统的基本能力。

本科毕业生应获得以下几方面的知识和能力：

1. 掌握计算机科学与技术的基本理论、基本知识；

2. 掌握计算机系统的分析和设计的基本方法；

3. 具有研究开发计算机软、硬件的基本能力；

4. 了解与计算机有关的法规；

5. 了解计算机科学与技术的发展动态；

6. 掌握文献检索、资料查询的基本方法，具有获取信息的能力。

主要课程：电路原理、模拟电子技术、数字逻辑、数字分析、计算机原理、微型计算机技术、计算机系统结构、计算机网络、高级语言、汇编语言、数据结构、操作系统、计算方法、离散数学、概率统计、线性代数以及算法设计与分析等。

主要实践性教学环节，包括电子工艺实习、硬件部件设计及调试、计算机基础训练、课程设计、计算机工程实践、生产实习、毕业设计 (论文)。

对计算机感兴趣的学这个专业一定没错，因为这个专业会涉及到几乎所有跟计算机有关系的方面，但是同时的，计算机科学与技术专业相比其他同类型专业，如软件工程、信息对抗、网络工程而言，所学内容就不是那么的精细了。如果想在这个专业出来以后有很好的就业门路，要么立志读研，要么自己在大学里多学习一些别的相关知识，增加自己编程与涉及技术方面的经验。如果对计算机专业有浓厚兴趣，那么计算机科学与技术专业是你的不二选择！

奋斗　只为一个梦

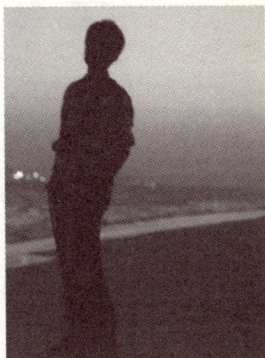

接到要为家乡的学弟学妹们写一篇关于自己"高考之路"的文章，欣喜若狂。或许你们还体会不到，当我真正的远离家乡的那一刻，才发现家乡的景，家乡的情，家乡的一切一切是多么的让自己骄傲。带着这份热诚，我会努力用我平凡的文字将我的学习感悟与大家分享，如果对大家起到哪怕一点点的作用，我都会感到无比欣慰。

我今天的主题有三个：梦想、填报志愿和我的厦门大学。Connecting the dots,在我的"高考之路"中缺一不可。

"一切努力都是徒劳的，除非有了梦想"。没有梦想，说小了，一个人不会出人头地；说大了，世界不会进步。回到我的中学时代。我中考时的分数是592分，相信不少人听了会吓一跳。而一中当时的录取分数线是595分，无奈，我成了一名择校生。我的分数在当时整个新生中的排名跌破700。整个高一晃晃荡荡过去了，不知道自己究竟在这一年干了什么。高一结束的期末考试，全校排名跌破500。500名想上名校，简直是做梦！现在回想起来，还真是后悔，如果当时再努力一点，或许我高考的成绩会更好一点，选一个更让自己满意的专业。高一升高二的暑假，我的同学从厦门给我带了一套厦门大学的明信片。不知道为什么，像是着了魔一样，我突然爱上了这所大学，喜欢它依山傍海的优美环境，喜欢它高雅的建筑风格，喜欢它优越的硬件设施……

姓名：张子钊
毕业学校：银川一中
就读学校：厦门大学
专业：智能科学与技术专业
座右铭：Stay Hungry. Stay Foolish.

世界上没有难到完成不了的事，现在很想上一个好学校却成绩平平的千万不要就此放弃。

我开始查阅历年厦门大学在宁夏的招生情况，结果让我大跌眼镜。如果我想跨入它的大门，至少在我的学校排名150

085

以上。从近600名到150名，这可能吗？我现在可以骄傲地说，我成功了。因为选择了理科，于是我被换到了一个全校最好的班级。果然高手如云，刚开始的确被压得喘不过气来。但是追求梦想的那份热情从来没有减弱，我开始努力，再努力。课间人家在闲聊，我在总结上节课的知识点；放学人家在打篮球，我匆匆赶回家吃个饭，然后在书桌前一坐就是5个小时。日复一日，也曾有过抱怨，有过实在不想学习的一天，但每次看到书桌前挂着的厦门大学的照片，又精神振奋。那一年我只进过两次KTV。就这样，高二结束的考试中，我全校排名近300。"还是不够，还得再努力"，我总是这样告诉自己。以上故事想告诉你们的就是世界上没有难到完成不了的事，现在很想上一个好学校却成绩平平的千万不要就此放弃。

高三这一年，我有太多太多想与你们分享。除了比高二更少的睡眠之外，我学会了如何总结。这一点非常重要，你必须知道自己哪一方面强，哪一方面弱，然后每天晚上学习时合理分配时间，强项的不能撂在一边不管，弱项的、不喜欢的不能不学。要知道，高考不是考你哪一科水平强，而是考你的整体水平。

我的英语和语文水平一直很差，考四五十名是家常便饭。当我意识到它们在高考中的地位后，我开始疯狂突击，尤其在高考前的半个月，每天都有半个小时的英语听力，一个小时的阅读理解。我想大多数一定认为考前最应该突击的是理综吧。有一句话我想送给你们："难题不会做，你不一定失败；简单题（比如英语）不会做，你一定失败。"我另辟蹊径的复习方法奏效了，高考英语我考了132分，语文也在班里排20多。

当所有的科目学完时，大量的套卷蜂拥而至。可是我发现自己总出现一个毛病——做过的题反复错，每次卷子发下来都发现很多失分题不是不会，而是犯了和上次一样的错误。

为了解决这一点，我也想过不少办法。我将每次卷子上的错题都剪下来，贴在一个本子里，把解析和答案写在反面。每次考试前都拿出来翻一翻，加强记忆。这样既解决了做过的题反复错问题，而且把一些比较细碎不好整理的知识点都挑了出来。如果我没记错的话，高考中我因为会做而做错的题不超过10分。所以梦想是多么的重要，NO FAITH，NO SUCCESS!

第二就是如何填报志愿。不可逃避，它是你踏入大学的关键一步，也是你高考生涯的收尾部分。首先，你必须知道自己究竟喜欢什么，不一定要人云亦云，追求热门专业。要知道等你毕业出来工作至少是四年以后，四年后国家发展方向如何，就业形势如何谁也说不准，也许现在的冷门就是以后的热门。其次，你必须把握好方向。到底你以选择学校为主，还是专业为主，你要知道这个专业在这个学校到底处于什么样的地位。再者，你要考虑这个学校其他你可以接受的专业（一个学校可以填报6个专业），就是说如果这个专业你拿不到，其他的你是否可以接受？能接受几个？因此你一定要全面而广泛地了解各个专业的形势。记得我有个同学知道了自己被分的专业后问我："喂！这个专业是干什么的？"这是多么尴尬的事情。最后，不要依靠你的家长为你到处寻求报志愿方面的帮助，自己的路要自己走好。总之，要相信自己所爱的！

第三，来介绍一下我的大学——厦门大学。厦门大学是由被毛泽东称为"华侨旗帜，民族光辉"的陈嘉庚先生于1921年创建的，也是中国近代教育史上第一所华侨创办的大学。

漳州校区与本部隔海相望，中间夹着魅力无穷的鼓浪屿。相信看过《一起去看流星雨》的同学，已经领略过厦大的美景。这里有美丽的芙蓉湖，是恋人浪漫的好地方。有凤凰花，每年辞旧迎新时开放。这里拥有五星级的图书馆，气势逼人，学习氛围浓厚！各种各样的社团活动，从娱乐到学习到创业，应有尽有。厦大学子不但会学而且会玩，这里有免费的高尔夫球场、网球场和棒球场。基本上每周周末步行广场上都灯火通明，歌舞连绵。

当我踏入厦门大学的那一刻起，我才知道拥有梦想是多么的重要，实现梦想是多么的快乐！千言万语，尽在不言中。希望学弟学妹们能从我的体会中得到一些对自己有用的东西。

最后祝愿学弟学妹们高考顺利，梦想成真！

走过这样的青春，我无悔

——追梦之路

虽然，我也曾颓废过……

初中就读于景博——一个竞争异常激烈的学校。当毕业走入高中后，以为高中不会再像初中那样，充斥着令人窒息的压力。于是我懈怠了……

高一时，我把老师留给我们的自主学习时间，当成了放松的欢娱。等我反应过来的时候，即将步入高二，而自己真正学到的、掌握的知识，却是那样匮乏。虽然还不算太晚，还有药可救，但是却耽误了很多时间。差距，就在这一年，在不经意间被拉开了。

初中到高中，最大的转换，就是学习模式。

初中时，老师上课盯着每个同学都要认真听课，不许说话。每天各门功课盯着收作业。临近复习时，老师还经常多加课，为了让同学学得更多。也许是因为初中还是个小孩子，需要老师督促，需要老师监督……

高中就不一样了。更多的自习时间，留给同学自主学习，自主支配，针对自己的薄弱项目，自行破冰。初入高中，抱着幻想，抱着侥幸，以为这么多的自习，可以有更多的时间玩。殊不知，分分秒秒，就浪费在了这么多的自习课中。

然而，颓废，也只是一时。

高二刚进到文尖班的时候，自卑和懊悔在瞬间冲击着我。因为刚进班时，我在班里排到了54名，一共62人，排这个名次已经接近倒数了。这对我无疑是个很大很大的打击。荒废了一年后，我开始进入了真正的学习中。每天上课认真听，

姓名：边艺

毕业学校：银川二中

就读高校：中山大学英语（翻译）专业。

人生格言：人最大的敌人就是自己。要战胜自己，约束自己。

089

认真做笔记。课下看笔记，做练习。经过一个月，我排到了31名。即使只是31名，我也有了不小的成就感。毕竟，我荒废过，颓废过一年……

我觉得高二这年至关重要。因为这一年，老师会再把书上的基础内容很仔细地讲解。其实这是高三复习冲刺的一个助跑器。如果基础知识不牢固，再多的技巧也是纸上谈兵。万变不离其宗，把握好这一年的基础知识复习，以不变应万变，将会让你在高三复习冲刺中，游刃有余。就是这一年，通过点点滴滴的积累，我逐渐拉近了和其他同学的距离。

追梦之路，不妨这样走

高三这一年，如果单纯说是痛苦，是不完全对的。用辩证法来看呢，就是痛并快乐着。进入高三最大的感受就是，每天晚上各门功课都会发很多练习。其实这也是一种充实的生活。每当花费了很久终于做出来一道题时，很开心也很有成就感，这就是复习的快乐。

在面对题海时，最主要的还是要注重心态。如果没有一个良好、积极向上的心态，在堆积如山的习题面前，很容易颓废，失去斗志。

在你没有信心继续做练习时，请记得每年高考完放声痛哭的落榜学子；在你没有勇气继续走下去时，请记得大学的校门不会向不付出努力的人打开；当你没有劲头继续备战高考时，请记得高考过后那个让你休生养息的长假……

在这里我想浅谈一下政治和地理的复习和做题方法。

政治，其实是很好拿高分的，是文综中一项向上拉分的关键。当然，最重要的还是要多看书，牢牢记住书本上的知识点。建议可以自己构建每册政治书的知识网络，这样可以让你很清晰地看到每个知识点及其分支。这样在做主观题的时候，才能够将漏答的可能性降到最低。再者，要认真对待老师发的每份总结讲义。重要的知识点和很多细节，都会包含在其中。

政治的选择题，关键点是在抓字眼。在答题前一点要看清题干问的是什么，有时候ABCD四个选项都是正确的，无法用最简单的排除法去做。这时就要从题干里找关键点。尤其是题干的最后一句话，往往是题目的突破口。通过最后的提问，切入材料，这样就很容易选出最佳答案了。答主观题之前，先看问题问的是什么，然后带着问题回到材料中，这样极容易找出知识点，又能很好地将材料与知识点相结合。由主观题的答题可见，构建知识网是十分必要的，因为它直接关系着答案的完整性。我就是用这种方法，在最后的复习中，100分的卷子可以做到90多分，最高还做过97分。

地理应该算是政史地中最难的一门了。当然，只要你入门，很多问题都会迎刃而解了。我还是要强调基础知识，至关重要！高一时候我的地理很差，基础知识很薄弱。上高二以后，每次地理课认真做笔记，课下去理解笔记，逐渐把知识一点一点消化，纳为己有，为己所用。继而要经常翻图册，也要做一些填充图册。这样对地理定位有很大的帮助。

地理的选择题，要注意方法。不能卡到某一道题上。因为文综卷中，地理排在最前面。因而刚开始做题，可能无法很快进入状态。某道题没能很快做出来没关系，可以先往下做，往往做到主观题时，就突然想到那道题的解题方法了。

地理的主观题，很大程度上，要记住答题套路。各种题型都有它固定的一种套路。比如说问到农业生产的影响因素，首先就要把几种影响因素一一在脑海呈现，然后根据题目的具体要求，选出最恰当的因素，同材料相结合加以分析。这个套路。一定要在平时学习和练习中，自己总结出来。或做题之后，看参考标准答案。地理主观题的答案往往简短明了，此环节中要求表达要准确、清晰、明朗！

再浅谈一下对文理科都适用的学习方法：

1. 善于总结，查漏补缺。总结会帮你加深记忆，让那些知识点深深印在你的脑海里。每一轮复习都要发现问题，找出自己知识薄弱的地方。针对这些地方，多看书多看复习材料，多同老师交流，继而理解、掌握，逐渐把知识的空缺填补起来。

2. 构建知识网络。这点我在上面已经提到很多次了，这个真的是非常非常重要，不论文科生还是理科生。在构建的时候，你不仅可以再一次记忆那些知识点，也可以强化知识框架。这对于文科答主观题尤其重要，它将你漏答的可能性降到最低。

3. 调整好心态，劳逸结合。古书上说"以逸待劳，方是取胜之本"，高三虽然忙碌，但不能缺少休息。学习累的时候，不要使劲给自己灌咖啡，不妨起身做做简单的广播操。不仅放松了身体，也清醒了不少。高考前切忌紧张顾虑。很多同学因为心态没有调整好而名落孙山。高考的时候，我就在心里暗示自己，不过就是周练而已，没事。所以在高考考场上，我没有紧张，只是该怎么做照旧怎么做。

4. 学会挤时间。高三虽然忙，生活节奏很紧张，这时请不要抱怨没有时间学习各门功课，时间是自己挤出来的。上学、放学路上，建议同学可以回忆一下今天所讲的内容，或者背背课文和单词。（骑车子的同学还是要专心，注意安全啦！）总之还是有很多闲暇的时间，可以用来学习的。

高考三分考知识，七分考心态。

无论是平时的小测验，还是高考，扎实的知识是一方面，更重要的是心态。

相信很多同学有过这样的感受，明明这个知识点平时记得很熟，考试的时候却怎么都想不起来了。还有很多平时学的很好的同学，考试成绩有时候不理想。并不是他们学的不好，而是他们没有调整好心态。

在考场上要注意时间的分配。为了赶时间而忽略质量，为了质量而忽略时间，都不利于正常发挥。若偶尔时间分布不是很合理，也不要因此影响情绪。

另外，一定要注意身体，加强营养。身体是革命的本钱，学弟学妹们一定要多加注意自己的身体，适当锻炼，为高考打好身体基础。三餐要保证质量，不要吃那些没有卫生保证的食品，不仅损伤了自己的身体，还耽误了学习。

再回味高中，有数不清的回忆。

当然，印象最深刻的当属毕业典礼了。应届初三高三班主任，都要上台做简短的发言。因为我初中也就读于二中，所以有幸再次听初中班主任的讲话。她又提及了我们，已经毕业将近三年的我们。当再次听到她说三年前的我们在毕业典礼上所说的话时，在场很多同学都忍不住哭了。再听到高中班主任激励我们祝福我们的话时，更多的同学哭了。不是刻意，真的是情不自禁，眼泪就流了下来。忙碌于高三很少回味高中的我们，在毕业典礼时，突然才意识到即将分离，那种伤心的感觉不自觉地幻化成眼角的温热。

画面切换到高考后。大家都很疯狂很疯狂地玩，似乎是对三年辛苦的一种宣泄。谁都不提高考考得如何，只想怎样才能尽情，怎样才能high。很多同学去考了驾照，也有很多同学天天逛街唱K，总之大家都很疯狂。也有很多平时很乖的学生，突然去换了形象，聚会时大家都没认出来，那是一种很新奇的感觉。

终于再没人催我学习写作业了，终于再没人催我们交作业了，终于再没人催我们去背书学习了……我和几个朋友是去学了向往已久的拉丁舞。上完跳舞课，就去逛公园，去会餐，去唱K，总之每天都过得很疯狂。

但当成绩下来的时候，几家欢喜几家忧。（为了能继续high下去，不被分数影响心情，学弟学妹一定要努力呀！）似乎一时间少了很多疯狂的活动。我呢，则是一路和爸妈去旅游了。玩的开心时，某个瞬间突然想到要和爸爸妈妈分开了，就很难过。所以我一直在逃避去想这个，只是想玩——想用玩来逃避即将面对的分离。这个假期，虽然不再像以前的假期那么多作业了，可是也有些许压力。毕竟自己又将开始新一段的求学历程。中山大学作为华南最高学府，必定人才济济。

终于，这条路，通向了大学。

当我在爸爸妈妈的陪同下和师兄师姐的引领下走进大学时，我被大学校园怡人的环境折服了。开放式的花园学校，屹立的孙中山铜像，大片绿茸茸的草地……无不吸引着我，甚至都渴望快点开学，去感受大学的学习气氛。然而又不希望开学，因为开学了爸爸妈妈就要走了。直到到了大学，我都一直在逃避去想分离，直到爸爸妈妈走的那一天……

第一次面对和爸爸妈妈长达半年的分离，我很怕自己会哭。即使他们跟我告别的时候，我都故作轻松，假装他们还没走。之后一直让自己忙碌，不去想。直到快到中秋节时，因为太远没有回家，一下就忍不住自己哭了起来。第一个和家人分离的中秋节，很难过。自己在阳台看着月亮，不知不觉就哭了。当我们在家的时候，亲情融入在生活的点点滴滴；当一个人在外读书时，亲情就变成了思念的点点泪痕。

学习是自己的，是否主动去学习取决于你自己。

大学的学习并不是之前自己所想所听到的那样轻松。也许是我专业的缘故吧，我们每天都有作业，而且很多时候，经常需要挑灯夜读。大学的学习不像初高中那样老师适应学生，而是学生要去适应老师。大课上完上小课，奔走在教学楼的时候，很有大学的感觉。不再是所有学生穿着校服排着队进出教室，而是很自由很开放的学习环境。

没人去监督你，没人去督促你，只有你自己来约束。学习是自己的，是否主动去学习取决于你自己。而不学的代价，无疑就是挂科。在大学里，南方北方学生的差距还是比较明显的。几乎所有北边过去的学生，都会有这样的感慨，即使曾是学校的佼佼者……所以我们必须要加倍的努力，加倍的付出，才有可能缩小差距。只有先缩短了差距，才有超越的可能。

大学其实不仅仅是学知识，还要学社交。大学就像一个小社会，各种各样的社团活跃在校园内。加入社团在很大程度上能培养自己的多元技能。加入社团前的各种各样的面试，加入社团后写策划布置会场，每周的社团组培等，每次参加这些后，都会觉得获益匪浅。一次次面试后，不再觉得面试是想象中的那么艰难；一次次策划后，觉得思维会更加缜密；一次次组培过后，觉得很多电脑应用技术离自己不再遥远。

丰富多彩的社团活动，充实着大学生活。不仅对自己是一种锻炼，更是在丰富自己的生活。而在其中，我们也慢慢学会了长大，学会了独立……

志愿填报

我觉得在填报志愿时，不论学校还是专业，应该要冷门热门都填报。如果全报热门，很可能出现滑档。再者就是要和自己分数相近的同学，尤其是比自己高一点的同学多交流，尽量避免和周围的人拥挤在同一个学校。

在考虑学校的时候，多看一些资料。临近高考，报纸会出版相关数据（如历年高校报考的参考排名）。你可以将所列出的大学排名，同自己的名次做参考，看是否有把握，不要贸然地报。当然，这些数据仅供参考，而且数据每年都会有波动，也不要因为某一项数据而轻易否决自己的决定。

还有，高考分数下来后，会有一些招生咨询会（比如在中山公园，很多高中学校）。这时你需要去询问招生老师，该校近年来的提档线。因为每年分数线都是不同的，因而分数也不同。所以，通常都是询问高出分数线多少分。

　　关于高校的选择，我觉得首先应该确定自己的分数报考哪些学校是有把握的，然后要考虑自己将来想在哪里发展，确定下地域范围。比如说将来想在华南地区工作和进一步发展，就要先考虑华南地区的高校。再者，还需要考虑一下高校所在地的气候，自己是否适应得了。中山大学在广东，这边气候和宁夏的差异很大。有些同学到这边来上学，不是很适应气候，但是这个是次要的，慢慢习惯就好。

　　关于填报专业，考虑专业的前景是一方面，更重要的是看自己的兴趣，看自己将来想往哪个方向发展，想做哪方面的工作。兴趣是最好的老师，如果整天强迫自己学不喜欢的东西，会怎样的枯燥呢！但是在填报专业的时候，如果没有十足的把握，尽量还是要选服从志愿调配，这样你将有更大的把握进入你所心仪的高校，而不至于被退档到征集志愿。

　　平行志愿中的第一志愿，一般意义来说是主张同学去冲一下较高较好一些的学校，当然不能高得太离谱，否则就算浪费了一个志愿。在冲较高一些的学校时，如果可以投档到该校，很有可能被调剂志愿。这时你需要看一下该校所给的专业，你是否都能接受，至少不讨厌。

　　在填报志愿的那段时间，其实大家都还是比较焦虑的。这时呢，不要人云亦云，仅凭谁的一句话，就轻易改变自己的想法。

　　总之，好好努力，考个傲人的分数，供你选择的高校也就越多。

　　亲爱的师弟师妹，虽然说"好好学习"这句话你们已经快听腻了，但我还是希望学弟学妹们一定要好好努力。（莫怪我唐僧啊~）相信谁也不愿意在分数下来后再去哭，再去后悔。那时已经晚了。

　　心无旁骛的认真学习，胜过回头复读。当其他同学都走向大学，而你却挣扎在复习的水深火热中，那时羡慕与后悔的巨大落差，难道不会给你心灵造成冲击么？当你拿到满意的高考分数后，你一定不会后悔高中的努力的，相信我。

○ 寄语 -

Futuer is in your hands.

　　追梦之路，虽然走得很累，但它终会将你引向梦的彼岸。让彼岸花，因你的努力而绽放。

从高中到预科再到UIBE（对外经贸）

姓名：李赵楠

毕业学校：银川一中

就读高校：对外经济贸易大学少数民族预科班——北京邮电大学民族教育学院（一年制预科）

人生格言：勇敢的人总是埋怨自己，懦弱的人总是埋怨别人！

光辉历程：银川一中09届11班班长，初中曾任团支部书记，学习委员，英语课代表

奖项：银川市优秀学生干部

对于我们刚刚成人的这批90后来说，我们高中的三年经历了很多，难忘的2008年，让我们个人的命运都与国家的命运紧紧地联系在一起。而2009年，对于我们则又是个转折，因为我们踏上了高考的考场。现在，走在大学的校园里，回首高中、高考，心里更多的是一份坦然。在我看来，人生中如果不经历一次高考，那会是个遗憾。

多彩的高中生活

高一，新的环境，新的挑战。上半学期，由于对学习生活的不适应和压力大的原因，曾经一度消沉，因为好学生太多了，你自己根本不算什么。后来，我摆正心态，在家人和同学的鼓励帮助下，走出了低谷。说实话，我不是一个脑子特别聪明的人，在理科上，我学得就一般，我偏爱文科。文理分科大概是我第一次作出的重大决定吧，大家都说什么学文科没前途之类的话，家里让我自己决定，最后我依然选择了文科，但很多人知道我学文科后就很意外，我自己却不这么认为。在这里我想告诉大家的是，要根据自己的实际情况而定，不要受别人影响。文理科各有优点，无论选择什么，只要你认真学，学好，都会有出路。

高二，分班了，相对来说学习就要抓紧了。我竟然意外地当上了班长，虽然以前也一直是班干部，但班长却从没干过，这对我来说是个巨大的考验。学校的活动非常多，英语周、运动会、篮球赛等等，还有要负责班里的很多事情。当了班长，逐渐锻炼了自己，明显感觉自己性格开朗了，组织能力变强了。当然学习是最重要的，决不能放松，但总觉得

自己学得不太扎实。

　　高三就是复习、考试。但真的非常充实，那种为自己目标奋斗的感觉真的很好。高三的考试真的太多了，小测验、练习、月考，做过的试卷整整有一大箱子。时间也过得很快，8月开课到6月高考就那么10个月时间，再刨去假期，时间就没有多少了。第一轮复习的时候作业量很大，因为要回顾的东西太多了，好多知识都已经忘记了，这就要求自己要踏实地做题，回顾，绝对不能偷懒。第二轮的复习，是提高重点知识的理解，熟练做题方法。会做很多的专题试卷。第三轮的复习则是更多的模拟试卷，查漏补缺。高考的复习很有规律性，有条不紊地进行。高三的后期，高考的硝烟味就越来越浓了，高考报名、体检、户口审查等等，全都会耽误一定的时间。To be honest，离高考还有一个月的时候，我已经学不进去了，好多同学都是这样，所以前面的宝贵时间千万不要浪费。最后就是每天再看看书，做做题，看看自己还有什么没掌握的知识。高考前一个星期就进入自主复习阶段，这个时候我们主要的任务就是调整生物钟，回归课本，每天做一些题目保持手感即可。高三的生活是很苦的，身体上的疲劳，考试成绩对心理上的影响，高考的压力都很大，但是自己一定要学会调整，不要把这种压力放大。千万不能以这些为借口，去放任自己，因为高考是你自己的事情，没有人能够替代你。

　　作为一个学生，学习无疑是最主要的。回顾我高中三年的成绩，总体来说应该算是良好吧。在银川一中这个尖子生云集的地方，我只是一个成绩中等偏上的学生，不是尖子生。高一的成绩也就是班里的30名左右，高二分科后，成绩大概在班里的20名左右。高三基本也在20名左右。我一直在努力着，坚持着。最后的高考成绩是班里第22名，年级第116名。有老师曾经说过"高考前，你们都是爷，想吃什么有什么。

高考后，有什么，吃什么"。很有意思的一句话，却揭示着家长对我们高考的重视。高三这一年，仿佛我们就是个特殊的群体，其实没有必要这样，平平常常地度过就行，没必要多么特殊，特殊的待遇反而增加你的压力。我和我的母亲都是这样认为的，学习的事情都是我自己一个人在做，母亲则照顾好我的生活。回顾这么多年的学习生活，母亲采取的教育方式不是逼迫，不是放纵，而是一种启发和信任。母亲的文化程度不高，在我上小学时，她就已经被我的数学题难住了。所以，学习完全是自己的事情了，但是母亲总以她的经历告诉我，启发我学习的重要性。对于学习上的决定，她都是支持我的，比如来银川上高中，文理分科的选择，在学校附近租房等等。她觉得我的事情就应该我自己来决定，从来在学习方面不会对我有过高的要求，她总是说"尽力就好"。在高考之前，她告诉我，"妈妈只要求你上二本就行了，考上就行"。就是这样轻松的氛围，给了我动力和精神。真的感谢我的母亲这些年来为我的付出！

一定要善于和大家相处，在彼此的帮助与交流中共同进步。

说了这么多关于高中的经历，我觉得有三点很重要：

1. 要和同学们处好关系。人际关系肯定会影响到你的学习，没有谁是脱离某一个集体而孤立存在的。正如银川一中的校训所说"精敬于业，乐融于群，追求卓越"。一定要善于和大家相处，在彼此的帮助与交流中共同进步。

2. 要与老师多多交流。我觉得在高中时期，你至少要和你的某一位任课老师成为朋友，老师的阅历很丰富，和老师的交流可以在很多方面。老师不仅给你传授知识，而且教会你做人的道理；不仅分析了你的学习状态，也能让你的心理状态得到放松。有这样一个朋友，你会觉得很踏实，在每次考试后，让老师帮你一起分析试卷，甚至可以和老师说说自己的心里话，老师会不遗余力地帮助你的。我的经历就是这样的，在这里我非常感谢银川一中的庄爱霞老师，是她帮助我分析试卷，调整心态，鼓励我，帮助我，真的非常感谢她！

3. 要有一个宽松的家庭氛围。其实，我觉得一个好的家庭氛围完全是可以自己建立起来的，它是以孩子、父母相互的理解为基础的。或许有的同学说"我的父母要求严格什么的"，但你不妨想想，这些真的对你今后的成长有好处。你的真实想法可以和父母多说说，大家都会互相理解的。我就经常对母亲说说心里话，这样的交流让我很舒心。我们互相理解，支持着。

高考复习经验与志愿填报

复习的经验

1. 高考复习，是一件很枯燥的事情，我们不能由着自己的兴趣，想学就学，不想学就不学。一定要根据老师的要求完成习题，跟着老师走，就没有错！

2. 学校订的复习资料已经足矣，没必要再自己买了，因为根本没时间再去做了。切忌自己一味做题，不跟着老师的计划走，一定要信任老师！

3. 拿手学科的复习经验。

英语算是我的强项了，这需要反复复习。记得高中英语老师（银川一中庄爱霞老师）说过，英语是"溜"出来的，简单地说就是个"Repeat（重复）"。要反复地查漏补缺，每天都要做做英语，保持语感，要多写写英语作文。

文科综合切忌只背，不做题。现在的文综试卷的要求越来越高，能力要求绝不是以前的死记硬背了，要用课本的知识去分析问题，解决问题。一些主观性试题，只有自己去做，才会发现自己少答的要点和一些答题的失误之处。答得多了，对于许多题就形成了答题框架与模式。

政治大概是文综里最简单的一门了，我觉得只要掌握清楚书中的原理，一分析就能答出很好的答案了。但前提是原理一定要记清楚，还要多练练，因为好多题目的答题方法是不一样的。

地理被认为是文综里最难的。但我不觉得。其实地理现象的形成都是那些基本的自然地理规律的体现，掌握好自然地理部分的原理，多多做题，分析问题，你会发现其实地理很有趣的。但也要注意，最基本的地理常识你得清楚吧，比如，提个城市"亚的斯亚贝巴"，在哪个国家，哪个大洲，这些你要知道吧。但是我发现许多同学在这些常识性问题上出现问题，包括一些常见国家的首都。地理题不是难，而是你不知道。地理的定位一定要准确和清楚。

4. 考试与心态调整。高三的考试太多了。大考经历过6次月考、3次模拟考。在这里我想说，我们一定要认真对待每次考试，不管它是小测验还是模拟考。银川一中的张副校长曾说过，"要把测验当考试，把考试当高考，把高考当测验"，这句话说得真的很有道理。坚持这样做下去，任何考试你都不会惧怕。另外，每次考试后心理都会有变化。考不好是非常正常的，考不好就意味着发现了问题，及时解决好问题，千万不能丧失信心。记得我最差的一次月考，都掉到过班里35名。及时调整心态，努力就好！

高考的经历

2009年6月7日，我们踏上了高考的考场。其实还是有些紧张的，搭同学家的车来到考场，母亲叮嘱了几句我就进去了，在考场门口看到那么多的家长，心里难免会有些想法。考卷临发前的半个小时，我很紧张，感觉腿都在抖，但是当考卷发到手的时候，我不紧张了，反而很自信，因为题型都练过。语文考试很平稳，下午的数学，则是天翻地覆，是近几年最难的一次试卷，我尽力把我会的都写上了，至于分数就听天由命吧。从考场出来，和几个同学交流了下情况，大家情况都很差，在考点门口，甚至有些女生直接抱着家长就哭，我当时的心情也是跌倒了谷底。大家都是一样，最后索性不想它，千万不能影响后面的考试。那晚看了看文综的资料，还没看完就睡着了，第二天醒来发现书还在床上。文综，又是近几年最难的一次，选择题部分就把人搅得稀里糊涂的。主观题的难度很大，基本都是课本知识的拓展，每道题都不好答。文综考下来情况也不是很好，发现大家也都是这样的。下午的英语，最后一科，我的强项了。难度秉承了宁夏英语卷的一贯风格，很简单。到4:30我就停笔了，半个小时的时间，我就等着考试结束的铃声响了。17:00整，铃声响了，12年的寒窗苦读，12年的辛酸奋斗，都在这清脆的铃声中结束了，心中充满了感慨。

关于志愿填报

12天后，高考成绩公布了，521分，实在是离我的预期有点远，但是我努力了，我就不后悔。志愿填报很纠结，我的分数超过宁夏文科一本线20分，真的很难，上一个一般的一本我不甘心，但是上一本的名校，几乎不现实，上二本则更加不甘心。于是，我想到了预科，大家可能都不太了解，预科就是国家为培养少数民族人才的一种措施，好多名校都设立了预科，读一年后，正式成为该学校的大一学生。预科的录取分数比正常的低一些，重点大学的预科基本都是超过重点线就可以报了。于是，我的志愿填报计划就成了"冲一本名校，保一本预科，退而求其次上二本"，一本的四个志愿我填了比较好的几个大学，也很热门，一本预科——对外经济贸易大学少数民族预科班，二本基本都是填得比较好的学校。平行志愿是按顺序录取的，很好的录取方式。最后果然不出我所料，一本的志愿都没能投档，一本预科对外经济贸易大学把我录取了。回首12年的历程，确实不容易，但是要真正的坚持下来，你会得到你想要的。"有付出才会有收获"，或许你会觉得许多社会现象不平等，那么我可以告诉你，高考是最公平的，一切以自己的实力见证！

关于志愿填报，我想说的是，你要提早了解大学，像我大概是从高一第二学期就比较关注大学的情况。我经常看《求学》杂志，高考的经验、大学的情况以及志愿填报的经验等，都有介绍，一直看到高三。我觉得真的很有用。另外，一定要结合自己的实际情况，制定出自己填报志愿的计划，可以咨询老师、同学以及学长什么的，但你自己要有清晰的认识，提早了解大学，自己作决定，千万不能摇摆不定，也不能等到都要填志愿了，才开始了解大学。另外，平行志愿，要求自己的定位要准确，不能太好高骛远，但也可以适当冲一下。

假期与预科大学生活

假期，可能是12年的学习生活中最长的一个假期了，终于高考完了。真的是彻底放松了，我去学了学车，同学之间常常小聚，去宁夏的其他地方转了转，总之一个假期很轻松，但也绝对不能忘了筹划一下自己的大学生活。另外，千万别把英语落下了，因为大学开学是要进行英语分级考试的。

一直以为预科是在本校读的，但后来才知道，许多大学的预科都是在国家设立的预科基地读的，对外经济贸易大学的预科是在北京邮电大学的民族教育学院就读，这里还有中财、中政法、北外、北语、北化、北科、北交、上海大学、上海师范、东华大学等许多重点大学的少数民族预科班，分为全国班、新疆班、双语班等。新疆班、双语班主要是新疆学生，其中新疆班是两年制的预科。我们09级的预科生有35个民族，真的很荣幸能与这么多少数民族同学在一起度过这一年的生活，这也许是我这一生中唯一一次与这么多少数民族相聚在一起，所以我真的非常珍惜这一年的时光。宿舍里6个人6个民族，土家族、维吾尔族、藏族、满族、哈萨克族，当然还有我这个回族。每个同学都是他们民族文化与习俗的活生生的教科书，我们一起了解对方，也了解各个民族的文化，长了不少见识。在这里，你会觉得民族意识增强了，你知道你不再是一个人，你甚至是一个民族的象征了。预科，属于大学生活了，课程不是特别多，空闲时间也有很多，各个社团活动也很多。我参加了学生会，志愿者协会，并当选了班长。总的来说，到现在我的生活还是很充实的。

但是，作为一个学生，学习还是最主要的，我们可以通过各种各样的活动锻炼自己，提高能力，但不能影响学习，因为老师不会因为你活动表现好而让你的考试成绩增加，学习是绝对不能放松的。预科期间，有的目标学校已经分好了专业，有的目标学校还没有分专业，分了专业的学生只需要顺利结业即可，但是后者则要尽可能地在考试中取得好成绩，为选择自己喜欢的专业打下一个好的基础。

大学，绝对没人再催你去交作业，催你去学习，学习完全是自己的事情。大学，一个容易让人堕落，也容易让人上进的地方，一切都要靠自己去抉择。我相信大家都会走好每一步。

高考并不是全部，但是经历了高考会让你受益匪浅，你会知道怎么去专心做一件事情。

或许你的高考会取得很优异的成绩，但是千万别觉得自己有多么了不起，来到北京，才发现我们原来什么都不是，我们要做得还有很多很多。

○ **寄语** -
　　有志者，事竟成！

曾经最美

姓名：朱元君

毕业学校：银川二中

就读高校：中国传媒大学汉语言文学

人生格言：原谅自己所穿越的，所徒劳过的，所抗争过的，所忍耐过的，它们是一种创伤，但是也很明亮。

光辉历程：全国中学生语文能力竞赛一等奖

现在的我，偶尔还是会想起那段挑灯夜战的日子，骄傲的白炽灯永远都是很晚很晚才会灭，厚厚的草稿纸永远也写不完。

那时的我们，以为这是一段黑色的日子，可是，也许，真的是到了很久很久以后，我才发现，那时，真的是，最美的日子。

——题记

如果还有回忆，我能想到的，还是那段叫做高中的日子。

恣意飞扬的快乐——我的高一

现在想起高一，嘴角还是会不由自主地微微上扬。高一还带着一点初中时期的懵懂和傻气，那时虽然文理未分家，课业沉重，但却是我整个高中生活最流光溢彩的岁月，一堆很知心很爱玩的朋友，活跃的班级气氛，宽宏大度的老师……高一的我，可以很好地处理学习和玩这矛盾的两面，加上担任了不大不小的班干部，有时还能体味下权力的美好；高一的我，活脱脱一个霸气的土地主，与世无争，乐此不疲。

沉静稳重的蜕变——我的高二

高二进入所谓尖子班，课堂气氛异常压抑，人也变得沉稳了许多，再无瞎玩瞎逛的念头，每天戴着耳机，沉浸在自己的世界，不多说话，上课也不会主动发言，似乎这是成熟的标志。高二的我，拥有了良好的踏实学风，经常灰着一张脸，不收拾自己，更不过于关注自己。我知道这样很好，可是这样的青春，这样沉稳踏实的黑色，会否有一点单调呢？

高二一年，学校的活动一概不知，高二一年，基本没有关注过隔壁班有否帅气的男生，是否有仙女的感觉呢？我不知道。我只知道，有时候碰到曾经高一的好朋友时，我张开嘴诉说的只有深深的疲倦。而直线上升的成绩，谁规定就是要必须追求的呢？可是，不管怎样，至少在这一刻，坐在广院麦田书屋红沙发上的我，敲着键盘时，突然很感动那一刻心无旁骛的我，很感激拥有了那一段无言的努力。

黑暗荆棘中穿行——我的高三

八月正式开始了高三生活。高三，现在在键盘上敲这两个字时，心里还是不由得一紧，一颤。我相信，于大多数人来说，高三，就是穿梭在大大黑色山洞中那一节列车，前面是黑色的，后面也是黑色的，四周更是黑色的。你无从选择，你也没有选择的权利。就这样上了高三这趟车，轰轰烈烈驶向高考。高三的夜有多长，高三的题有多多，高三的一切一切，如海风般的不容抵抗，扑面而来。付出，无止境的付出。我不想说什么付出就会有回报，一分耕耘、一分收获的话，我也不想说什么让高考滚蛋的废话。我想说，好好走下去吧，孤独且寂寞地走下去吧，在黑暗中前行，即使前面的风景不是由我们自己决定的，但，请你勇敢地去面对吧。因为，这就是成长。

怀着革命尚未成功的大无畏的心态进入高三，嗯，刚进入高三，是认真努力的，每一天都会检查自己还有什么没做好的，那时的自己，还不曾有丝毫的畏惧，墙上高高悬挂的倒计时还是三位数，而我们纯净的梦想，是每天都会长高一点点的树，静下心来，一步步跟着老师的步伐，踏踏实实地走下去。

复习建议

高三是一支绷得很紧的弦，有张有弛的状态才是最好的。

现在我就四门课分别给出建议——

语文是最难复习的，很多人都说，语文经过一年的复习，可能还比不上不复习的水平。作为注重底蕴积淀的科目，语文一定要抓住自己的漏洞弱点，注意分析自己的考试卷子。我当初就很认真地分析错题，触类旁通，很有效。

数学一定要跟上老师的步子，而且一定要有耐心。数学每道题分值很高，所以一定要细心，注意在平时练习时一定要限时。数学是一门多做题就会有效果的科目，同时要学会归纳各种题型，更要学会活学，学会分析各种变体。

文综是块硬骨头，不少同学抱怨需要背诵的太多。的确，文综首先需要的是背，不仅仅是背重点，而是都要背，这点千万不可偷懒，即使你不理解，你也要背。第二就是理解，这点在地理和历史上尤为重要，特别是历史，一定要培养自己的思路和史观，这在文综的选择题上很重要。文综还有一个好方法，那就是做真题，培养自己向高考思路靠近。

英语是要下苦功的，阅读一定要天天做，同时"读"很重要，培养自己的语感。英语分为听力、单选、完形、阅读、改错、写作六大部分，逐一分析考点、易错点、高频点，逐一击破。同时在完形和阅读上，一定要注意自己的思路，向出题人的思路靠近。

临战状态好比箭在弦上，蓄势待发中带点辛酸和疲倦，期待与茫然交织，紧张与自我暗示交替的心路历程。总结说很纠结。

高考不要给自己太多的顾虑，考场上一定要自信，不要想其他的。经历了那么久的奋战，每个人都有一种悲壮的感觉。要相信自己，不断地给自己心理暗示。淡定，冷静，沉稳。

一定要制定学习计划，最好在高二结束的暑假就自己着手准备一次，此时不要求拿分，而是理清复习的脉络，把框架打好。高三老师的复习是往框架上一块一块加砖头，自己一定要有清晰坚固的框架，要注意每一块砖头的力量，踏踏实实地走下去，切记不可浮躁，切记不能要小聪明，更不能急功近利。我的忠告是，哪怕第二天有月考，有周练，要排名次，也不能破坏加砖头的计划（当然这点很难做到）。其实高考后你就会发现，那些你曾经考过的分数，那些你曾经停留过的名次，都是那样的苍白无力。从宏观上把握高三复习，学习计划要细致，不要制定"我要考到班级××名"诸如此类的计划，而要按照复习提纲一步一步走，一定要走在老师前面。坚持是最重要的，一定要挺住，不要太重视平时测验结果，大多数情况下，不是高考的考试和高考关系不大，高考卷子上的题较活，一定要提早训练自己。

假期

史上最长的假期，经历了人生的一场蜕变。因为高考成绩不是十分的理想，我选择了离开家，离开银川，行走在很多很多地方：上海、嘉兴、杭州、乌镇、桂林、阳朔、天津、北京，然后从北京飞回银川，整个过程只有我一个人。在这场"放逐"中，曾经黯然的心变得明朗起来，我的笑容里也多了一种沉寂后的坦然。在旅途中，结识了许多朋友，一起摇晃在夏日明晃晃的阳光下，穿梭在异乡的夜色中，终于，心还是释然，终于，还是承认了这样的结局。选择了，就不要后悔；而开始了，就一定会有结束。就是这整整三个月的假期，我完成了自己的成长。

大学生活

进入大学后，本以为我对这个专业那可是如鱼得水，可是大学的课程还是需要去适应。不是说它的艰深程度，也不是老师讲课的方式，最主要的是，大学的课程非常的细，尤其是大一的基础课，对于刚进来的我，感觉就是四个字——一无是处。可，请千万不要看低这些琐碎的课程，因为这是大学。这是你长脑子的地方，不是你答卷子的地方，可能你

觉得现在学的东西没有什么用，但我可以负责任地对你说，它们是联系起来的，如果你了解得够多，站得够高就能明白这些，它们看上去是分散的，但当它们足够多，足够深的时候，它们就连成一个知识体系，成为能操纵其他事物的最强力量。

大学生活，自理自立。大学宿舍文化：卧谈会、躲猫猫、抢卫生间、偷饼干，很多很多的趣事。大学校园文化：我们学校是一个比较活跃且开放的校园，校园活动很多，讲座、比赛层出不穷，实践中锻炼自己，很是开阔眼界。大学社会文化："大学是个小社会"，此话不假。但我觉得，大学是社会中白领阶级的社会，如果你想保持自己的一身清白，如果你与世无争，采菊东篱于自己的一亩三分田，未尝不可。所以，大学生活，做自己，找回自己，不要迷失自己，最重要。

大学情感，于我，最重要的是亲情。也只有亲情，让人如此牵肠挂肚。独在异乡为异客的情感即使时间过去那么久，这份孤独与落寞，时时笼罩我，让我无处可逃。家人的好，是在你去食堂打饭时突然想起家里那合意的红烧肉时的伤心；是半夜在宿舍冻醒的失意；是生病时再无那一双焦虑的眼睛时内心的空落。家人，当他们的长途电话打来仅仅只是询问你吃没吃饭时，你在大学社团里、学生会里那错觉的重要的组织、会议电话突然间都变得微不足道，变得毫无是处。只有家人，才是我在大学里勇敢的、坚强的、神气的走下去的最美的动力。

报考志愿

报考志愿中，一定要记得参照往年报考记录，多和有经验的老师交流，在报考中，最有效的方法之一就是向你心目中院校的师哥师姐咨询，他们是过来人，对这个学校的报考有过成功的报考经历，他们还可以向你提供最新的学校招生政策，师哥师姐都很热心的，很乐意帮你忙的！在我当初的报考过程中，我和爸爸很认真地研读了招生简章，通过计算，把最高分和最低分的极差，最高分和最低分分别与平均分的差，以及最高分和最低分分别上线的分都统计出来，只有统计计算全面，才可以避免一些"意外"数据作祟。还需要注意的是，在分析数据中，不要太过注重最低分，很容易被误导。

最后祝师弟师妹们在高考中取得好成绩！

Early Birds Catch the Worms

姓名：李朔
毕业学校：银川二中
就读高校：西南交通大学
专业：英语专业

From he depth of one's heart,college is supposed to be a place that surrounded with the delicate blossoms of pink and pearl ,a place that full of wonderful expectations,even a place that could be able to play and fool around.However,as a matter of fact,college is a land of bondage.

During four-year college life,how to fulfill our spare time and how to cultivate ourselves to be a competent person obviously becomes a good question.

To begin with,I think the attitude towards the college life should be corrected:college is a platform for studying,elevating our potential ability,broadening our horizon and entertaining ourselves, not just for fun.Although after the experience of the College Entrance Examination,we get tired and exhausted,yet we cannot clean forget our main duty and task as a student.Secondly,pay attention to cultive

these qualities:vision,determination,optimism,self -respect,integrity and,above all,self-control.Since we have made our way to college and we are dismissed,no one could forbid us not to do this not or to do that.But it doesn't illuminate that we are set free. Time flies quickly if we just waste time doing useless and meaningless things.What's more,study hard when we are freshmen,well begun is half done.I have heard that a great many sophomores regretted not learning industriously in the first year in my college. Nevertheless,regrets are regrets,we cannot put the clock back to the past.My dear sisters and brothers,plant our feet on solid ground.

The last but not the end ,try to get rid of our bad habits and strengthen our advantages.As we all know,we will face the large employment pressure after graduating from the university ,whether we will hunt for a job relies on many aspects :speaking skills,the relationship between others and so on,hence it's necessary to set a goal to make an effort to improve our flaw.Finally,think big.Nobody was born to be a failure.If you feel you're going to succeed—and work your tail off—you will succeed.

Life is a mixture of sweetness and bitterness and a box of chocolates,you never know what you're gonna get.So why not read a logical book, develop an interest,organize an activity?Nothing lies ahead of us but exertion,struggle,and perseverance.Those who are able take advantage of the opportunities for success and happiness that present themselves.

没有人生下来就是失败者，如果你竭尽全力你便能有所收获。

在每个人的内心深处，大学应该是布满着珍珠般鲜嫩的花蕾的地方，大学是充满着无限期待的美好人间，甚至是一个可以尽情玩乐的自由之地。但事实上大学是一片艰苦之地。

我想怎样在四年的大学生活里去充实我们的业余生活、培养自己成为一个全方位人才显然是一个难题。

针对这一问题，首先我们对大学生活的观念、态度应该有所改观。大学是学习知识、提升自我素质、开阔视野同时放松愉悦身心的发展平台，而不仅仅是娱乐。尽管经历了黑色的六月——高考后，我们身心俱疲，但我们仍然不能将作为一个学生的职责忘记得一干二净。第二点着重去培养我们广博的认知能力、坚定的决心、乐观精神、自尊自爱、诚实与善良和人最重要的精神——自律。因为我们跨入了大学的门槛，没有了来自父母的束缚，也没有人可以禁止我们别做这做那的。然而这不能证明我们解放了。如果我们一味地虚度光阴，时间将如流星般划过不留痕迹。同时当我们大一时应该努力学习，俗话说："好的开头是成功的一半。"我听过许多大二的学长学姐们后悔荒废了第一年，但遗憾终归是遗憾，无法挽回，无法回到过去。兄弟姐妹们脚踏实地吧！

再者，尝试着改掉坏习惯并发扬优点。无可否认我们这一代在大学毕业后将面对严峻的就业压力，而决定我们能否找到满意的职位因素很多：说话技巧、统筹能力、专业知识、人际关系等，所以为自己树立一个目标去避免缺陷很有必要。最后，制定远大的计划。没有人生下来就是失败者，如果你竭尽全力你便能有所收获。

生活是辛酸与快乐的结合体，同时生活也是满载着巧克力的漂亮的盒子，你永远也猜不透你手中巧克力的味道。因此，为何不读本哲理的书，发展自己的爱好，组织一个大型活动。摆在我们面前的除了努力、斗争、坚持不懈外别无其他。那些能够抓住上天赐予的机会的人将会获得成功与幸福。

○ 寄语 -

要出发进攻，就不要惶恐，去发现雨过天晴的专注。

向着梦想

我先介绍一下我自己的学习经历吧，这样会让我更容易地介绍我的学习方法。现在我是中国石油大学（北京）资源与信息学院地质工程09级2班的学生，我本人十分喜欢这所大学，更喜欢我的专业。

好了，那么就言归正传吧。既然说到学习方法，我个人觉得一个好的学习方法评价的标准就是是否适合你。一个好的学习方法是你在高中三年不断实践、不断摸索，通过不断地修正得来的。大家如果想看适合大众的方法，网上有很多种，我个人感觉很不错，因为我以前就是这么做的，遇到不会的就上网找。网上的学习方法比较符合大众口味。我想只能告诉你们我的学习经历，从我的学习经历中，希望你们能看到有可取得地方。

我参加中考是2006年。当时考场上，我充满自信，我相信我的水平和能力，可是中考成绩并不是很理想。记得当时我有几个很要好的哥们，他们的成绩都很好，是银川二中请他们来上，而我是自己交志愿表，然后很一般地上来，自然不像他们被分在尖子班了，我在一个很中等的班。我从小要强，认为别人能做好的，我也能，我并不比别人差什么，于是在高一的时候我是很努力的，不但把老师的作业写完，而且自己买教辅资料。高一上学期的成绩总体来说还可以，每次都是在年级140名左右吧（好像到后来进尖子班是可以了）。但是在高一下学期，我对物理机械能、圆周运动不是很理解，虽然我下了很大的工夫，物理成绩一直不太理想。当时我的前两次的年级成绩270名、240名，要知道这和我的梦想相差甚远，但同时，我知道，真正的强者是不服输的，一两次的打

姓名：蔡政
毕业学校：银川二中
就读高校：中国石油大学（北京）
专业：地质工程
人生格言：人最宝贵的东西是生命，生命属于人只有一次。人的一生应该是这样度过的：当他回首往事的时候，他不会因为虚度年华而悔恨，也不会因为碌碌无为而羞愧。这样，在临死的时候，他就能够说："我的整个生命和全部的精力，都献给世界上最壮丽的事业——为人类的解放而斗争。"

击就败退那不是真正的我。后来我再接再厉，认认真真地改错题，每一道错题都不放过，每次下课十分钟都是我用来解决问题的，到第三次模拟的时候，好像我的成绩好些了，年级150名，就这样慢慢努力，到第四次，成绩是年级120名，当时我对进入尖子班还是充满信心的，可是后来知道因为前两次的成绩，我是不行的。

还是我的几位哥们，他们进入了尖子班，说实话，心里真的很不甘，自己的努力，自己是知道的，明白的。凭什么他们进去，而我不行，就是因为我前两次考试的成绩不行吗？心里很不服气，高一那个暑假，我很努力地做作业，没怎么出去玩，要知道以前的假期很长时间我都是用来玩的，到了后来，我真的感受到了压力，每个人都在努力，每个人都用自己的实际行动来改变自己的未来，慢慢地就不怎么玩了。用我爸的话说就是没进尖子班是真正的受到了刺激，的确!!我从小就想成为一个真正的男子汉，第一要过关的就是要愈挫愈勇。

到了高二的时候，我的物理好了些，面对未来的学习，一直很有信心。也是暗暗努力，到了高二第一次月考时，我竟然考了年级70名，对我这个几乎从来没有进年级前100的学生，真是一个惊喜呀!!记得当时的我给爸爸妈妈、老师，还有我的哥哥打电话，心里真的很激动呀!!要好好努力，千万不能骄傲!!但说实话，以后的成绩就是慢慢起伏，变化不大，基本上就稳定在了年级80名左右，但我要承认的是我有一个不满足现状的心，一颗承认差距但不安于差距的心，也是在这个时候，我暗下决心，准备在高三奋起直追去实现我的梦想!!

你知道梦想的力量吗？在高三我是切切实实地体会到了，为期一年的努力，为期一年的奋力拼搏，从不气馁，从不放弃，一心向学，决不放弃是我的信条，不惜一切代价学好是我的目标，因为我树立了我的梦想——上浙大。那是一次偶然的机会，我在网上认识了一个朋友，他是浙江大学的大一的新生，要知道我的心从小就向往那儿，和他聊天的时候，他不断地鼓励我，认为我的学习想法很好！！从那时开始，我决定了，高三一年绝对不放弃自己的理想！！！哪怕考年级300名也决不放弃！！！那时的我给自己定了一个信条，不到高考最后一门结束前的一秒，决不放弃！！！就这样我踏上了高三的征程。

在高二即将升入高三的那个假期，我没有回去，呆在宿舍里学习，我想家里的电脑对我是个诱惑，还不如不理它，来这里，也不用去克制自己。当时的我每一科目都学习，但最主要的还是物理。记得高考第一轮复习的资料在我们放假的时候就发了，但没说要让我们做，我想万事如果提前的话就比较主动，这样到高三的时候我就会相对轻松，去努力学习我有差距的课程。也许我有高一时候学习物理的阴影吧，我当时就在宿舍里做物理练习册，并且把物理练习册里的电磁学做得工工整整，完全搞明白了，后来我才知道那些题真的很难，甚至比高考都难。我想，我高考的理综就是靠那时的自学得分的。

高三刚开始，我们大部分科目的复习就开始了，为了目标我一直努力、加油，自己的复习也进入了白热化程度。

当时第一次月考我是年级81名，但是我的语文创历史新低，全班倒数第一，这是我上学十几年来始料未及的。后来我发现我对很多新的题型不熟悉，比如科技说明文，我基本上是蒙的，三个蒙对了一个；文言文阅读全错；后面的语言文字应用也是蒙的，分基本上扣光了。对题型的不熟悉导致我出错频仍，后来我心想语文决不放弃，就下大工夫学语文，练习册真的是认认真真地做，每道题都不放过，不明白的就去问老师，我现在敢说我的语文练习册是全班做得最认真的。

后来慢慢习惯了，成绩也就稳步提高了。

　　高三的学习是很辛苦的，需要靠坚强的意志才能成功。那年冬天，参加临界班，晚上很晚才能下课，而食堂已经没饭了，只能去外面吃，只好请假出去，吃一碗拉面。有时候很晚了，就不出去了。后来知道饭是一定要吃的，否则你自习两个小时基本上就干不了什么，我的语文老师知道我似乎不太吃饭，只要她一监自习的话，肯定会问我，蔡政你吃饭了吗？老师的关爱也是我学习的动力呀！！！有时候，晚上学得很晚，1点才能睡觉。长时间的努力会让人受不了的，体质下降，头疼，当时我想体质一定要好！！！即使你学得很好，但是你高考的时候却因为身体不适而没考出成绩，你一定会惋惜。正是因为这样的想法，在高三我爱上了体育课，每节课都不落下，当时我们二中好像也重视，从来没有停我们的体育课，但这好像对我还是不够的，我晚上下自习的时候，会一个人绕着环校路跑回宿舍。那个时候，是我一个人坚持跑，这样也是锻炼，也是为待会在宿舍的学习提个神吧！！

　　学习的艰苦自然会换来成功的喜悦，我现在特相信我们高一的数学老师给我们说的"天道酬勤"。此话一点也不假。物理不再是我的弱项，反而是我的强项，基本上是一点就会。英语也在稳步提高，更令我惊喜的是，我在一次月考的时候全班第一，这可是我从来没有想过的呀！当时我是年级30名，要知道这个成绩在银川二中很有希望上浙大了呀！！！在最后一次模拟，高考前应该是很简单的，我考了年级17名，总分645，我的几个哥们都没有我考得高！心里那个高兴呀！我的几个哥们甚至想让我上上海交大，那是我第一次感到目标触手可及呀！

　　高考的时候，我坦诚，我的发挥的确不是很好。我的考场在银川一中，高考是在亲戚家住，也许是不适应吧，没有考出自己真正的成绩！但是面对我的高中三年，我是问心无愧的。记得我刚上高中的时候，我的妈妈对我说："儿子高中三年，你真的要好好努力啊！"我当时说："我要是能够兢兢业业地把这三年过完，我就是好样的。"现在我真正做到了这一点，我真的为自己骄傲。

好了，就说这么多了，我想我给你们讲我的学习经验是基于我的学习经历，这样才有说服力么。

第一，学习要有效率。没有效率那是在浪费时间，不要打消耗战。虽然看你很努力但是如果你学习容易走神，注意力无法集中，这还不如不学习。一个人的精力是有限的，合理安排好时间，尤其高三，时间有限，就更要合理安排。我建议大家要注意体育锻炼，因为体育锻炼会使你有个良好的体魄，充沛的精力，这样你做事会有一种事半功倍的效果，比埋头苦做题强多了！还有要注意休息，我一点都不赞成熬夜，因为我熬过夜，虽然看你很刻苦，但是这只是一种短期的效应，就如同我高二上学期一样，当时每天晚上都是一点半，这样一开始是有效果，但是时间长了反而起到副作用。记得到最后我得了一种神经性头疼的病，有时候早晨一起来头疼得不行，上课反而集中不了注意力。要知道你一天最黄金的时间是在白天，晚上重要，但是比不上白天，记得我为这个问题很苦恼，心里想着要是我不知道疲劳该多好啊！！！后来，我去拜访我的初中老师，他一听，建议我每天坚持锻炼，绕着操场跑上几圈，我高二下学期坚持了很长时间跑步，感觉精力好多了，做题自然不是什么问题，个人认为，如果你每天晚上坚持到12点，连续6天，就算星期天早上睡个懒觉也没什么了，毕竟人不是机器呀！还有一点，我觉得你早些休息，对你白天上课会有很大的帮助，白天你要是跟紧老师的步伐，你一定能取得很大的进步。

第二，学习的方法。我觉得网上的方法有很多好的地方，而且适合大众的口味，你们可以到网上搜索一下，当时我就是真这么干的。再赘述一下，不要相信迅速提高学习成绩的小广告，那都是清一色骗人的（我个人认为）。要真有那么容易的话，不就都考上大学了吗？记得有个母题、子题之说，我觉得书上的题就是最好的母题！！想要拓展，就必须把书上的题一道不落地做。还有一个超级记忆法，据说很灵，但我身边的确没发现。自然不相信了。我觉得大家还是静下心来，一步一个脚印地走下去，只要是能坚持，自然会有效果。还有一点，我个人体会，因为我以前比较差，如果你的差距比较大，没事！首先要承认差距，认可自己与他人的距离，不可自视过高，仿佛自己就是被埋没的人才一样，这样是学习的大忌讳。

踏踏实实做事、学习，是硬道理！！学习需要稳重，不耻下问，多向身边的同学学习。

　　不妨给你们举一个我向他人学习的例子。记得有一次，我正在上自习，可能自习室的座位已经没有几个了，我们学校拔尖的女生坐到了我的旁边，我便和她一起做作业，她的学习精神感动了我，当她坐到那学习的时候，头也不抬认认真真地做着每一道题，要知道这样做可是一动不动的两个半小时呀！这种学习精神，佩服佩服，以后自己学习的时候尽量像她一样，集中所有的注意力，发现这样真的很有效果呀！

　　第三，做题的方法。我是理科生，做理科题一定要注意联想，千万不能光顾数量，不顾质量，这样不但没有效果，反而对你有害。我觉得做题要注重质量，当我反思高二刚开始的物理为什么没有取得我想要的成绩，第一点就是我光顾着做题，却没有花时间去思考，去思考自己为什么会错，错在什么地方，哪些地方还没有掌握好，这是要去思考的。不能错了就错了，这样做题还真不如不做呢！我建议大家做完题，尽自己最大的努力去想，向多个方面去想，尽量把知识结成网。我认为高中的学习不再是一环套一环，而是结网，节点就是关键的知识点。比如当你做一道物理综合题的时候，做完之后，想想这里涵盖了哪些知识，比如磁学题，可能就会涵盖了洛伦兹力、牛顿三大力学定律、安培定则等等，再想想那些公式，想想会用到哪些情景，想想这种题还会在什么地方出等等。

第四，我想说一下，如果你没有进尖子班的话，请不要灰心丧气，这没有什么，我没进尖子班，当时感觉的确不好，但是我没有办法改变现状，那么就鼓起勇气去适应它吧。我父母不断鼓励我。其实在其他班也很不错，老师会对你很好，知识一步一步循序渐进，到时候你会掌握得很好，就拿成绩来说吧，我们班的第一上了浙江大学，要知道你在非重点班当第一也是一件很不容易的事，所以鼓起勇气，这没什么，把它当成一种磨砺，勇敢地走过去，你会成功的。

第五，我还想强调一下时间的问题。高考复习前计划好时间，包括玩的时间，不能一门心思去学，这样反而会没有效果。记得我高考前几天还溜出去上网，这并不是发狂，而是一种放松，为的是我学习的时候能集中注意力。另外，学习科目要有重点，千万不能五五分成，每门课一个小时，这样反而没有效果，什么都学不好。我认为在高考前，想保持高效的情况下，这是不可能的。当时我在上自习课的时候最多学习两门课，而且其中一门课还是重点，占去了大概80%的时间，另一门课几乎是用来调节的。

第六，要怀着感恩的心去学习，自己的学习不再是为自己学习，而是要为你的父母！我觉得这句话不应该出自我们父母的口中，而是我们的口中。想想我们父母吧，同学们，当我们放纵自己，荒废时光，请想想我们的父母，他们几乎和我们一起度过了紧张的高中三年，为了我们的学习，不知道要度过多少不眠之夜，如果我们放纵自己，荒废学业，到时候我们还有什么脸面去见我们的父母！！！学习好，不再是我们的义务，更多的是我们的责任，努力勇敢地承担起这个责任吧！！！

第七，也是最重要的一点，就是人要有梦想，我个人觉得一个人在高中学习的时候必须要有梦想，甚至可以好高骛远。但害怕的是你没有梦想，浑浑噩噩地度过高三，抱着一种混日子的想法去过，那你高考就不会有好的结果。记得我上高三的时候，当时的我还没有进年级前一百，在二中能上一个重点吧，但不是一流的学校，要知道父母花这么大的代价把我送到这里来，考不好，说什么也说不过去。所以我给自己定的目标是浙大，当时在我的几个朋友看来，真有点痴人说梦，可是我知道只要我不懈地努力，成绩总是会有的，我刚才也提到过，后来的成绩真是鼓舞了我，我现在也可以这样说，如果不是上浙大的这个目标一直鼓舞着我，想着混混日子，我绝对不会来到中国石油大学，这个石油系统的最高院校。

再说一下我填报志愿的事吧。记得高考成绩出来后，家里每个人都很关注，每天跑这跑那，问这个学校，问那个学校，晚上再讨论。这几天需要每一个人都动员起来，一刻都不能大意，这不是随随便便就能填的。当你填志愿的前几天，我建议，多向成功人士咨询，打电话给大学招办，上网查，不要怕麻烦，那几天我家每一个人都是忙到一两点。

另外，可能大家关注专业优先还是大学优先，我个人觉得专业优先，因为从现在社会的发展来看，分工越来越细，越来越明确，专业很重要，大家可以试想，当你毕业后所从事的工作和你的专业不一致的话，那该是一件多么痛苦的事！很多学校可能很差，但是他们的优势专业很强，有的专业都是100%就业，选择它我想是一件正确的事。

好了，我就说到这了，当大家迷茫的时候，可以看看有关励志的文章，也希望大家永远不要放弃，不到高考前最后一秒，绝不要放弃！努力，加油吧！！！

成长记录袋

最高中的小生活

　　惠同学希望，所有看这篇文章的人都能暂时放下心中的包袱，怀着一颗好奇之心，穿梭完惠同学的迷迷糊糊但是很快乐很真实的高中生活隧道。旅行开始了……

　　2006年8月，我16岁。站在银川一中的大门口，我穿着将我的四肢毫不犹豫暴露在艳阳下的短袖短裤，一把鼻涕一把泪地看着父母的车渐行渐远，心中很不快，嘟囔一句：本姑娘念完高中，就再也不来这个令人伤心的大门口了！然后，头也不回地进了校门。我的高中生活就这样，在一把鼻涕一把泪以及一句日后没有实现的话语中，浩浩荡荡地开始了。

　　现在回想起来高中的生活，真的觉得高一一年是我过得最辛苦的，就好像刚开始学习阿拉伯语一样，看着那些在我看来是乱画的东西被别人念得津津有味的时候，心中总有一丝酸楚。高一的时候，学习方法还在摸索时期，难免会走弯路，看着别人笔直的大道，内心有不平绝对是正常的。我们要做的就是在不断地实践与总结中开拓属于我们自己的道路，并在这条道路上走出我们自己的未来。总之一句话：在高一，请不要抛弃和放弃自己！

　　到了高二，就有文理科之别了。选文科还是选理科，这等事在身为天秤座的我看来是无比艰难的。高一末作出选文科的抉择，很大一部分原因是老师的建议，加上自己酷爱学习地理，就迈入了文科班的行列。

　　高二是我的高中生活里最为快乐的一年。那年，我17岁。运动会，距离高考还很远，如鱼得水的地理学习，优秀的老

姓名：惠雅莉

毕业学校：银川一中

就读高校：北京大学

专业：国际关系

人生格言：能力有限，努力无限

光辉历程：《成长记录袋》数次在学校内的评比中获奖

师们，被人称作学姐……都成为我快乐的理由。

即使这样，对于高二，还是有让我遗憾的地方。如果让时光再回到高二，我会认真地将历史书和政治书多看几遍，我会把语文课本里文言文多读几遍。在真正悟出高考考什么之后，你会发现书本是王道。所以，在这里，我以经历过高考洗礼的过来人身份负责任地说一句：高二的空闲时间不要浪费，多看看课本会让你受益匪浅！

到了高三，18岁，我迈入了成年人的行列。

身为2009年的高考生，意味着从2008年8月就要开始补课；身为一个中国人，2008年8月无疑是令人骄傲与激动的；身为一个狂热的体育爱好者，2008年8月一定要在电视机前度过。于是矛盾出现了，我拼命掩盖着自己对于奥运会的疯狂，每天怀着求知之心，努力做着数学题，记忆着历史条约，咒骂着中国的高考制度，压抑地为第一次月考作着准备。

那一个月，是我高三生活中最为煎熬的一个月。还记得在8月18日的傍晚打电话给爸爸，放声大哭，嚷着不想高考，要看奥运会。从那天起直至奥运会结束，每天都会收到爸爸发来的关于奥运会最新战况的二十多条短信……第一次月考的成绩，就是在老爸的短信支持下奋斗得来的：年级排名第八（个人觉得这个数字很有意义）。

高三一年，一个人的心态会起伏很大。一个有效的解决办法就是：多多和父母交流，要知道父母可是我们最最坚强的后盾，我们不是一个人在战斗！

关于地理的学习，个人认为一定要将学习数学的心态用在地理的学习上。就这门课而言，要求思维的思辨性比较强；就高考考题而言，需要将记忆的框架灵活运用于各个考题。笔记、地图、教科书和历年的实战高考题是学习这门课的法宝。一定要在理解的基础之上，认真完成每一道题。对于地图，建议准备一个专门的本子，亲手绘出重要的地形和轮廓。身为本班的地理课代表，每周都会在黑板的右上方，踩着凳子，运用各色的彩笔，画出一个地形剖面图或者地形轮廓。这样的做法自己坚持了一年，也因此受益匪浅。此外，强烈推荐一个文综选择题提高的小方法：在距高考还有三个月的时候，多买一些文综高考模拟题，每天坚持完成35道选择题，时间控制在40分钟左右，做完后自己批改，对于错题认真总结。长此以往，你会受益匪浅。

关于考前心态调整。在距离高考不远的日子，依照大多数人的观点，应该调整心态，放松心情，复习知识成了次要的事情，但就个人而言，十分不赞同这种观点。没错，高考考的不仅是知识，更是心态，我觉得更重要的是答题的感觉，更通俗的说法就是让自己的脑和手对于习题保持一种热度。所以，在六月的几天里，适当的放松是必要的，但复习知识仍是必要的，尤其在考前做做难度适中的习题是非常重要的。

大学生活初体验

高三某次月考之前，听好友讲某位大一新生在去上课的路上，发现未带书，就很心安理得地回宿舍，继续"休生养息"。当惠同学真正成为一名大一新生之后，面对的情况与之前的"听说"却大相径庭。

迈入大学，面对的第一件事情就是：选课。选课是一门学问。上什么课，怎么上，什么时间上，你都有充分的选择权。据说选课的口号就是：我们不怕选择。但当真正一堆选择放在我面前的时候，不知所措可以十分恰当地形容当时的我。当时，自己恨不得有人给我一份课表，告诉我如何去上就好了。

大学的学习就像选课一样，你可以很学术地选择25学分的生活，你也可以很社团地选择18学分的生活。在大学里还顶着"Freshman"的我，不能对这两种生活进行什么评价。尝试吧，经历过程才有意义！

有位大牛曾经告诉我们："如果你发现你的大学生活还没有你的高三生活忙碌，那么，你的大学生活一定是有问题的。"大学里，忙的不仅仅是学习，各种社团活动、学生会例会、老乡聚餐、各种讲座、新生舞会……都会逼迫你仔仔细细安排每一天的生活。

这就是大学生活，忙并快乐纠结着！

大一，无比想念高中的老师、同学，有自己固定座位的高三教室……还记得在大一英语分级考试之后，我们用电话呼唤出来学校里所有的宁夏老乡，大家一起浩浩荡荡地去了KFC，侃天侃地一直到晚上十一点。那是我大一入学第一个星期里最快乐的一件事情了。

在慢慢适应了大学生活之后，你会通过社团、学生会认识一大堆和你志同道合的人，你也很快会有归属感。

总之，请珍惜眼前的一切。

关于高考填志愿

在这之前，惠同学愿意和大家分享一个小故事。

话说三只凶狠的猎狗在追捕一只可爱的小刺猬。刺猬跑啊跑，猎狗们追啊追。他们翻越小山，趟过小溪，可三只猎狗没有追上小刺猬。三只猎狗依然不放弃，对着小刺猬穷追不舍。突然间，小刺猬发现前方的大树底下有一个洞，于是就很快地钻进洞中。三只猎狗钻不进洞里，就守在洞口。过了许久三只猎狗依然在洞口守候。突然间一只兔子像离弦之箭一样从洞中蹦了出来，还没等猎狗反应过来，就一下子蹦上了洞旁的那棵大树，正当三只猎狗仰头望着树上兔子的时候，那只兔子一下子跳了下来，砸死了三只猎狗。故事讲完了。请问看完故事的你有没有什么问题？

"兔子怎么会上树呢？""就算兔子会上树，那怎么会一下子砸死三只猎狗呢？"……

对，这些都是问题。请允许我问一个问题："请问那只小刺猬去了哪里？"

……

抓住小刺猬是三只猎狗的目标，不论发生什么，请牢牢看住你的目标，即使有兔子的吸引，也请不要被诱惑。这就是我对于填报志愿最想说的话。

此外，对于高考完到高考成绩出来的这段时间，一定要充分利用。没心没肺疯一把未尝不可，但一定要抽出时间仔细了解一下当年的招生规则。还有更重要的便是认认真真地重新认识一下自己，了解自己的兴趣和能力所在，类似的心理测试也可以拿来作参考。

○ 寄语

总是认为，别人的经验只是参考，没有什么黄金规律让你去遵循，只有经历过，才能体会。

如果让我重新享受一次高三生活，我会对我自己说：其实每个人资质都差不多，成就个人的仅仅是"坚持"二字。

127

高考前后的那些事儿

姓名：纳甜甜

毕业学校：银川唐徕回民中学

就读高校：对外经济贸易大学国际商学院

专业：会计学（含AC-CA、CGA方向）

任09宁京校友会财务组组长兼第三副会长

喜欢的一句话：要有最朴素的生活与最遥远的梦想，即使明天天寒地冻路遥马亡。

带着满心的新鲜感和好奇心，9月从家乡出发，来到算得上是梦寐以求的对外经济贸易大学，我的心情和所有经过了6月洗礼的人一样激动，兴奋溢于言表。于是，想到了三年前自己刚刚踏进高中的校门……

三年前，自己以一个不是很高，可以说是有点对不起自己初中的成绩来到了唐徕回中，开始了我的五味高中。

PART 1——高一：苦味

之所以说高一是苦味，是因为当时的自己天真地以为，经过了紧张的初中，紧张的中考以后我终于可以停下脚步歇一歇了。我以为，上了高中就可以真正使自己放松了。没有对自己进行一个准确的定位，以为自己已经经历够了，该享受了，这样的想法给我带来的结果就是在那样好的班级里的中下等的成绩。现在想想当时的想法好幼稚，根本没有找到自己的方向，心中没有目标，过着快报废了一样的生活还自我感觉良好。这样带来的结果就是为我的高三总复习拉了后腿，文综的基础知识不够硬，浪费了不少时间呢。所以，高一对于当时的我而言或许过得很滋润，但总体却是苦的。在高一后半学期时我还是及时向老师请教并做了心态上和学习方法上的调整，还算及时，使得我在文理分班考试中再次进入了一个优秀的班级。所以，在这里主动当一下积极又反面的教材，大家一定要注意积累，时刻对自己进行定位，重视每个阶段目标的树立。目标对于我们的学习方向有很重要的导向作用。当然，及时改正错误就是好孩子。

就这样，我顺利地进入了高二。

PART 2——高二：甜不辣

一直以来我都坚信一句话：理想与现实总是存在差距的。正如我刚进入高二时候的感觉。刚开学时就有些松懈，因为新的班级新鲜的面孔，一激动顺便就忘掉了自己要做什么。幸好当时的新鲜感持续时间不长，在老师们的忠告和建议中重新对自己进行了定位，也让我意识到了自己与目标的差距。又由于自己一直潜意识里的学理思想使自己并没有很用心地打好文综的基础，到了高二才意识到自己和班里其他文科比较好的同学的差距。当时的自己，理想很丰满，现实却很骨感，处境很尴尬的。于是，产生了某种自卑感的同时又重新树立了目标，并在努力之后获得了一定的回报，逐渐又恢复了信心。所以，无论我们处在什么样的环境中，都要保持清醒的头脑。对自己进行准确的定位并树立短期目标，真正切实的目标会让你充满动力。一路火花带闪电，你就冲吧！

文科的孩子们在高二就要注意了。文科知识点很多，要记的要背的可以拿车拉，而且有很多都是琐碎的东西，所以千万不能掉以轻心。在高二将现学的东西学踏实到了高三就会省不少事，尤其是语数外哪一科如果比较弱的同学，高二掌握得踏实才会避免最后总复习的手忙脚乱。而且，高二在时间方面还算较高三充裕，所以这个阶段尤其文科的同学要注意多看《新闻联播》，这个方法对于我们学政治和地理都很有效的，而且开始看了就会发现《新闻联播》其实一点都不无聊。另外，可以多看看课外书，一方面增加自己的知识量，开阔眼界；另一方面也可以为自己的作文积累很多有用的素材。所以，有空闲时间的话去挑两本有用的杂志读一读吧！

带着充实的感觉，我走向了这辈子最值得经历的高三。

PART 3——高三：酸咸甜

想了好久，高三并不是一个词就能概括的。它混合着多种味道，对于大多数经过高考这道坎的人来说，高三是一段太不寻常的日子。

有人说，没有经历完整高三的人就失去了人生最珍贵的一段回忆，他的人生就称不上完整。这句话有点夸张，但它至少证明了一点——高三生活对于每个人的重要性和不可替代性。高三使人成长。下面是我的一点点关于高三的感言。

我的第一方面的感言是关于信仰。

我认为，在话说可以把人变得孤独的高三，我们需要精神的寄托，我们需要信仰的支撑。

高三的我们有时会特别迷茫，特别沮丧，甚至会怀疑自己的付出到底有没有意义。记得一个老师说过一句话："付出不一定会有收获，但是不付出一定没有收获。在别人都在等待结果的时候，你有什么理由坐以待毙?"是，我们有什么理由坐以待毙呢! 我们需要整理自己的思想，寻找自己的信仰。当时的我，停止努力时最先想到的是我的爸妈，想到他们给我的鼓励以及如果我取得好成绩时他们的开心；其次，是自己曾经信誓旦旦的未来，想到一直憧憬的美好生活，想到自己努力后终会获得的收获……这些都能够使我重新燃起动力，继续前进。一直鼓励我支撑我的还有七堇年的《被窝是青春的坟墓》这本书，这本书虽然读过好多遍，但是那时候还会时不时地翻出来看看，"要有最朴素的生活 和最遥远的梦想 即使明天 天寒地冻 路遥马亡 "这句话成为支撑我的关键。其实有些东西远没有我们想象的艰难，只要能突破那些所谓的障碍，我们就能搞定。这，就是信仰的作用。

所以，别忘了找找自己的信仰。

第二方面是关于学习方法上的一点薄感。

大家都说数学需要做大量的题，这一点不可否认，但是我想说英语复习同样要做很多习题，尤其对于英语基础不太好的同学来说。做很多的练习并不一定非要一下子好几个小时去做，合理地安排时间就好。英语，词汇是基础，阅读理解、完形、作文，甚至单选很多都建立在词汇的基础上。所以词汇的记忆与运用不容小视。我个人觉得词汇弄好了再把它相关的短语用法什么的搞懂，再多加一些从句的掌握，句型的熟练，英语就不会是老大难了。我个人认为英语通过练习提升的空间还是很大的。

再说一说地理吧。我高二地理不太开窍，一直不懂怎么学。亲爱的地理老师告诉我，学地理最重要的是地图，于是，在地图的帮助下，很多问题就解决了。看地图并不是盲目地看，要抓重点。比如经纬线就是地图上的一个重点，要注意那些重要的经纬线经过的特殊地点的"性格"是什么，比如说什么地形类型、什么气候类型、盛行什么风向什么气流等等，再由那些有限的地点向周围扩展，周围有什么重要的地方什么"性格"，慢慢的一些知识自然就记住了。这只是个例子，多看自己才能发现得更多。所以，地图很重要，文科生没有地图或者说不看地图是很失败的，要会看地图。

学习方面的我就写这些，最重要的是每个人找到自己的学习方法。适合自己的才是最好的。

到了高三，目标尤其重要。在高三那一年的3月份，我就为自己定了一个目标分，貌似觉悟得有点晚，但是这也是我高三的一个关键步骤。甚至曾经考过差几分才五百的成绩，甚至模考还有过年级七十的成绩（在仅有二百多文科生的唐中），最好的也不过才班级十几的样子，这样的基础我却定了一个所有人都不知道的目标分。当时完全就当自己玩儿一样，把自己梦想的每一科能考多少分定成目标分，加起来死活凑了个600，写出来大大的贴在卧室里……定了以后多多少少就老想着，就老做美梦，就总想与之靠拢。最终我以全区文科第36，586分的成绩顺利从唐中毕业。虽然离目标分还差着好多，但是目标分对于我的高考，功不可没。所以，你不妨也试试。

综上，我的高三过得很充实，迷茫时有过辛酸，付出了咸咸的汗水，最后得到了甜甜回报。

关于填报志愿

我个人觉得，填报志愿主观因素和客观因素同等重要。记得当时知道成绩以后班主任给我打过电话，说武汉大学来学校招生，问我要不要考虑看看，我当时就拒绝了。因为首先我是回族，到了武汉就意味着我的生活会很困难。所以，我填报志愿就得多考虑一个地域的问题。我觉得，填报志愿的时候一定要清楚自己想要去哪个城市，不然去了自己不喜欢的地方，说不定一切就不那么美好了呢。其次，一定要综合近几年各校录取情况来衡量自己志愿的先后顺序，切忌盲目从高导致滑档。话说对于第一志愿我们尽可以报上那个最想去并且还是有一定希望的学校，因为志愿毕竟还是需要冲一下的。而二三志愿就要有一定的把握了，冒险只能冒一个。第四志愿就是保底志愿。顾名思义，一定要是保底的那个。再次，报志愿要学会取舍。拿我来说，我一直中意法学，但等报志愿时我才发现，我的分数很尴尬，我不能报人大的法学，而排在人大后面的就是中国政法的法学。但是提前批我填了UIBE，对于我来说是一个更好的选择。而UIBE是一个英语财经类院校，所以这时候需要我做取舍，尽我所能挑一个好的经济类专业，不能死抱着法学不放。所以，我把会计放在了第一，法学排在了第二。后来我顺利地被录到会计专业了，这要感谢我的老师老喻，帮我决定了会计，来UIBE才知道会计是就业率最高的专业之一。所以说，报志愿需要听别人的意见，但最后决定还得靠自己，要充分权衡好自己的分数与主客观因素，填好志愿。

经历了史上最长的假期以后，终于来到我的大学。

我的大学

来学校以后，发现和我假期听说的一样，贸大真的是个"迷你型校园"——站在东门真的能看见西门。学校的绿化工作很好，很多树。最重要的是，亲眼见了假期就一直听说的贸大的女生宿舍楼——虹远楼——亚洲最大的学生公寓。公寓很神奇，可以容纳将近一万人。这是最喜欢贸大的一个地方。

大学还给我一个感觉，那就是学长学姐们好好啊！他们带我们游园（因为贸大又被称为惠园），给我们介绍各种各样的经验，带我们玩转学校和学校周围的有趣地方，还请我们吃饭，学习上有问题可以随时去请教，快考试了会给我们传练习题……总之，大学有一些好学姐好学长是十分重要的，因为我们都知道我们自己是学弟学妹时对于学长学姐是怎样投以无条件的信任的。所以，各位学弟学妹们，努力吧！要知道，北京或者全国各地有着很多贴心的学长学姐在等着你们，还不快快加油！

每个人来大学都会发现大学和自己想象的不一样。或许有人会发现没有自己想象中美丽的校园，或许有人会发现生活并不像想象中轻松。但是，我们却有了很多别样的感受，丰富的学生活动，多彩的课下生活，我敢说每个人都会不虚此行的。高三时，我们可能会抱怨自己的睡眠得不到满足，自己不能看心爱的电视，自己不能时常上网，自己没有时间照顾自己的很多友情甚至其他的感情。但是，我要说，这一切你都有机会补回来，唯有为大学努力的这个机会，丢了就再也回不来了。而且，只要能坚强地挺过六月，那么你就能迎来自己史上最长的假期了，那时，你可能睡觉都会睡烦，你有太多时间可以去看自己想看的节目，去上网，也有足够多的时间去和你的朋友出去玩，培养感情。但是，这些美好的日子都是建立在你有一个好的结果的基础上的。所以，就算为了这些，每个人也要拼命努力呢，更何况大家都有更高的追求呢！

○ **寄语**

最后，还是把最喜欢的那句话送给每个人：要有最朴素的生活与最遥远的梦想即使明天天寒地冻，路遥马亡。

征　战

承蒙北京高校宁夏同乡会之邀，写一篇文章，向学弟学妹们介绍高中三年自己的备战经验以及大学的生活感受，我深感荣幸。

我叫张本兴，性别隶属于男。作为同乡，曾在宁夏银川一中就读6年，当然是"初中+高中"。现在就读于北京航空航天大学。所在院系是数学与系统科学学院，数学与应用数学专业，天天与数学纠结在一起。我的人生格言很短："Never give up discovering."是希望自己对于理想，对于未来，对于未知领域永远不放弃探索。当然，我很希望你们能从中得到一些启示。也因为这句话，我在高中尤其是高一，在数学上刻苦钻研，打下了较好的基础。高二在全国数学联赛上取得了省赛区一等奖，并代表宁夏参加高二的数学西部联赛。也因为此奖，我赢取了保送生资格，并成功地通过了北京航空航天大学保送生考试，考入北航。

夸自己的话不多说了，说说正题"征战高中"。一个很长的话题。

还原我的生活，想起了高一百年校庆，面对专业导演，作为演员，一遍遍重复那些熟悉的台词和走位，有几丝枯燥乏味。但站在舞台上，感受着千人的目光，幸福感、成就感油然而生。当然，不能忘记，那久久不愿离开的紧张感。自己觉得很幸运，能得到历练。的确，高中的英语周、元旦的联欢会、社团的集体性活动，都是历练自己的好机会，享受生活——美好快乐的高中生活。但是如果你过分享受这些美好的光辉，那么你将面对学习的无底洞，黑压压深不见底。于是，聪明人冷汗一冒，立刻投入学习。而无知者，无视之，

姓名：张本兴
毕业学校：银川一中
就读高校：北京航天航空大学

最后发现自己的学习已在无底洞中，如单调减的指数函数般下滑着。

现在讲讲高中我总结出的学习态度。其实很简单："不要放松。"有些人总以为高一等于初一，带着自己优异的成绩，凭着自己聪明的头脑，可以在无穷大的极限快乐中轻松度过。当然，你错了，高一在我看来是你初中过度高中的关键，高一的课程包含了很多学科的基础知识：物理中的力学，化学中的氧化还原、金属非金属，数学中的函数都在高考中占了较高的比例。所以，过多的放松，也许你就不再有机会赶超比你学得更好的同学。

而对于一些学有余力的学弟学妹们，希望你们珍惜这段美好的时光，在竞赛中锻炼自己。其实就竞赛本身而言，不光单纯地为了得奖，他可以提升你的做题能力，可以拓宽你的思维，对高考中一些大题的反应和理解都很有帮助。

突然回忆起这段历史，喜悦伴随着心酸。高一的努力换来了高二数学的成绩，夺下了一等奖，心情自然是格外激动。因为对于保送生，这是天赐予的良机，可惜心态的失衡，让我在接下来的一年中，看着时间白白流失。我的班主任司光建老师曾说："要么做一个痛苦的学者，要么做一只快乐的猪。"于是快乐中的我让成绩也像2009年的股市一般熊了起来。作为学长，我希望你们在高二能铭记："需要坚持，需要拥有理想。"这是一个黄金城一般的时期，可以迷失自己，可以让自己得到真金。我觉得在此时有两个关键点：

1. 可以试着在毫无压力的情况下和高三的学长一起参加竞赛，这是历练也是机会。

2. 这是一个心浮气躁的阶段，需要合理的调节。心浮气躁会让你拥有更多的压力，生活会混乱，最后恶性循环，倒在自己的脚下。不要有侥幸心，一切皆有可能。

"太阳他有脚啊，轻轻悄悄地挪移了，我也茫茫然跟着旋

转……"转瞬间高三了，墙上挂上了痛苦的倒计时表。是的，高三很快来到身旁。记忆中有两个字形容：忙，累。而更多的同学身兼数职，他们不仅面对高考总复习，还要面对各类竞赛的轮番轰炸。但一定记住，你需要足够的睡眠。身体是革命的本钱，足够的睡眠可以在潜意识中让你更积极地面对高三。

如果此时你有机会参加保送生的考试，我的建议是不要扎堆，因为一所大学给的名额是有限的。要了解自己是否有竞争清华北大的实力。如果没有，别怕，可以把目光投向其他重点大学。

保送考察的是个人综合素质，笔试、面试要同全国各地的同学竞争，只需将自己最阳光最真实的一面展示给他们。当然，保送伴随着风险，保送不是避风塘，你需要用更多的精力来弥补你在保送生上投入的精力。需要有一颗平常心，对现在对未来都有好处。

也许许多的学弟学妹们认为，大学=天堂，其实大学不像想象中那么梦幻，不像想象中那样轻松。在我看来，如果你想让大学生活变得有意义，你必须拿出比高中更多的精力去面对你的大学生活。大学中压力不小，来自自身的要求，来自强大的同班同学，来自那些令人纠结的课程和作业习题。当然，还有我们所喜爱的社团活动、学生会活动。想将学习、活动以及日常生活都打理好，不可以松劲哦。

讲完了态度，讲讲生活。大学里，需要自主，需要对自己负责。小到衣物、卫生、吃饭等等。大到学业、对未来的设想，一切都要自己去考虑，自己去抉择。没有了家长的约束，我们不能放纵。大学中，图书馆是个不错的选择，藏书万卷，在这里可以拓宽你的视野，学一些你喜欢、对未来有用的知识。

大学的活动也有很多，总能看见大家在为学生会在为社团忙碌。学生会是一个锻炼自己的平台，而社团更加丰富我们的生活。每年的十月总会有百团大战打响，其意也在预示着社团文化的丰富。不过，你要有慧眼去识别他们是否有发展的前景哦，否则你的收获会大打折扣。多接触你们院系的学长，他会给你们很多有用的建议。

其实，说了这么多，最关键的在于你的态度，而态度取决于你对未来的设计，你有怎样的理想、目标，如何去实践。这是你也是我所要面临的，所要抉择的。永远记住，想要成功，想要美好的未来，把握好你大学四年的时光。多做一些实现你梦想的准备工作。如果你做到了，你一定会成功。

从现在开始

也许现在的你很向往大学的生活，但是请相信我，高中的生活一定会是你最怀念的一段时光，如果不是最怀念的，那么也会是其中之一。

高中三年，听起来也长，想起来也慢，说起来也远，可走起来却只是一眨眼。何必说刚升入高中时的一切都历历在目呢？现在的我，哪怕是想起刚踏入初中的那一刻，都感觉像是发生在昨天的事情。三年的确是一段漫长的日子，一千多个日日夜夜足够让一个孩子变得成熟，也足够让一个孩子历经磨砺，可是这一千多个日日夜夜却又那么的短暂，当你还在看着窗外奔跑的孩子时，时间也滴答滴答地奔跑着走了。

我的高中三年，算不上很成功，但也并非一败涂地。三年前，我带着些许"特色班学生"的优越感踏进银川一中的校园。关于优越感这种常被批评的自我感觉，有的时候不见得是坏的。对于我，那些优越感恰好让我抓住了一些展现自我的机会。可是"天外有天人外有人"，谁又规定了只有特色班的学生才是最出众的呢。所以，当高中的第一次期中考试结束，当我发现自己排在了班级前十之外，年级的一百以外时，我感到了挫败。

很庆幸我的爸爸妈妈都看出了我的挫败感，如果没有他们的鼓励与鞭策，也许我真的就被那次的挫败感打入无尽的深渊了。事实证明，如果想要自己有所作为，就要表现得不屈不挠，永不被打败。

时间一晃进入高二，文理分科后我们班几乎没有变动，当然也正是因为基本没什么变动，我在高一时的努力依然让我在班级的十名左右徘徊。也许你很难相信，当我头一回考

姓名：黄明明

毕业学校：银川一中

就读高校：上海外国语大学

专业:会计

人生格言：机会只给有准备的人

139

到班里的第十时，我差点激动得哭了，我那时只想着真的不能再让我的父母失望了。当然这也从某个角度反映了，其实分数和排名对于一个学生来讲，是多么的重要。因为高二是文理分科后的第一年，也是高一与高三的衔接部分，所以它是相当重要的。不管我们曾在高一时怎样松懈、怎样玩闹，但是一进入高二，就意味着我们必须严肃起来，把学习放在第一位了。高二相对较重的学习任务基本上是不会让你天天翻着日历盼放假的。

度过了高中第二个暑假，我们自然而然成为了"国宝"级人物。高三是十二年寒窗苦读的冲刺之年，在这关键的一年，无论是父母还是孩子，都在承受着某种强大的压力。所以希望处在关键时刻的家庭能够相互体谅相互关心。再来说关于高三的马拉松学习吧。很多一起走过来的同学普遍认为上半学期是最难熬的，因为上半学期大家基本都在进行一轮复习，这相当于把我们学过的只是再学习一遍，这难免让我们觉得有些厌倦。可是相对于后来的二轮、三轮复习，一轮复习也恰恰是知识含量最高的。如果大家觉得高二时没有抓紧时间的话，就一定要在一轮复习时抓紧了，这可是开不得半点玩笑的时候。也许你只是在课堂上打一分钟的盹，但它体现在试卷上的时候，可就不是一两分的问题了。高三马拉松除了它的漫长之外，考试之多也是让人头晕眼花的。单从我来讲，我在高三经历了6次月考3次模拟还有1次正式的高考。前几次模拟对于不熟悉高考模式的我们自然无法把自己的真实水平展现出来，所以头几次月考的成绩不理想也别泄气，甚至进入3月以来的一模成绩不理想都不要害怕，找出自己的问

题再全力改正才是关键。对于高三的学习方法，我所说的学习方法也许没有清华、北大的学子的学习方法有说服力，我只讲一点最关键的，就是"错题本"。高一高二时没有准备错题本也别着急，从高三开始，把每次的错题都记录在本子上并加上分析思路、题目关键点和解题步骤。你的解题本会在最后几日自主复习时帮助你的。试想在最后自主复习的几日，当别人都在哗哗翻着试卷找错题时，你可以从容地翻看着本子里的精华，这难道不会为你增添一份信心吗？

高三暑假的确堪称史上最长的假期，当我们在家里做宅人做到厌倦，或者当我们整日在马路上压路压到路上一只蚂蚁都不剩，又或者当我们出去集体吃饭吃到营业员都与自己很熟时，这史上最长的假期也许才只过了一半。假期虽然漫长，但是年轻人也不能负了韶光。以我的经历来说吧，我妈妈替我在报社找到了一份工作，跟一位老师做见习记者，这的确是一份不错而实用的经历，我不仅在工作期间幸运地体验了出差的感觉，也得到了人生的第一桶金。当然它的好处不仅仅在此，就连我进入大学后参加部门的面试，见习记者这个经历都助我顺利得到了一份编辑部的干事工作，我现在在大学的编辑部也顺利掘到了第一桶金。所以，千万不要把假期的时间全抛给网游了。其次，对于一些恋家的同学来说，假期也是和父母增进情感的好机会，你可以在平时多陪陪父母，和他们旅游，陪他们聊天逛街看电视，无论一起做什么，都一定要珍惜在一起的时间，因为，当你开始在大学里独立生活，连续几个月都见不到父母时，你会为那段时间没有多陪陪父母而后悔万分的。

关于大学生活，我觉得我如果够负责任的话就不应该对它描述得太多。很多人会把大学描述得很轻松，什么"必修课选逃、选修课必逃"，但也有很多人会告诉你大学很忙碌。大学生活究竟是什么样的必须要我们亲自体验。关于大学，我想说的就是，这是一个很广阔的舞台，到处都充满着机会，但是机会只给有准备的人，如果你身怀才能，就一定别让懒惰和别人的看法埋没了你。一定要多留意各种资讯，多抓住机会，多尝试多挑战，大学是通向你未来的一条路，所以一定要走得精彩。关于大学里的人际关系处理，就像是一个练兵场，大学里关于人际关系的处理，已经充分为你模拟好了今后社会中的人际关系，所以你要在这四年内，学会处理好人际关系，无论和室友、同学，还是同一个部门共事的干事或者你的领导，你都需要处理得恰当，这是很重要的。

最后，我想告诉你们的就是，未来的路还很长，当我们在憧憬未来的时候也千万不要辜负了现在的韶光。

花开半朵

三年的时间，听来很长，便以为可以尽情挥霍，因为有的是来日。

用整整三年，换半朵花的开。

那样的美丽，不是努力过的人，谁能明白呢……

——题记

姓名：徐李碧芸

毕业学校：银川二中

就读高校：中山大学

专业：考古（隶属人类学系，我自己选的，不要吃惊）

人生格言：我没兴趣做孔雀，因为浴火重生的，只有凤凰。

初醒而无奈的高一

踏进二中校园的那一刻，我便喜欢上了那里给我的感觉，大气而不张扬。

这个学校在用自身告诉你——当你还未被选择时——你会被接纳，会在这里受教并受益终生。

彼年豆蔻，谁知谁轻狂。能进入这所学校在某种意义上来讲，是一种肯定，却也是这种肯定，让人懒了心，松了神，便似有了"我自狂歌空度日，飞扬跋扈为谁雄"的傲气和心境。

凭着那份傲气和心境，也是认真念了书的，但老师讲的，却是听过就忘了的。考试之时，便是借着那一时半刻的复习，希望还能和从前一样，简简单单地就可拔得头筹，却是忘了，这里是个能人聚集的地方。

便是一次的失意，有了日后努力的动力。也是一次失意，方知，书还是比不得老师一句良言。

高一是初醒而无奈的，是因为在高一时已有了"己不如人，当更勉之"的心理准备，却是未曾认真赋予实践。

初醒，是因为考场失意，方知自己的浅薄与狂傲。自此之后，也是刻苦努力了一段时间的，哪怕只是为了自己不愿落于人后的性子。也是那时才隐隐明白，高中于我的意思，并不仅仅是念书而已，还有更深的、我不曾注意的那方面……

无奈，则是因为，明知自己不足，却总是不能坚持下去。总以为不过高一一年，我还有足够的时间回来补救。可是待得我想要修正过去的错误的时候，却已是有些迟了。

于是最终，踏进了文科班。

略显轻松的高二

对我而言，可能高二是我最轻松的时候了。

当然，我不是说高二可以任意放松自己。也许对文科生来说，高二是最后的可以稍稍放松自己的时段。课程不似高一那样繁杂，学习进度和对知识准确性的要求也不似高三那般严谨，甚至，你还可以找到空闲多读一些课外读物。

我是主张文科生在高二读一些对自己有益的书籍的，名著也好，当代小说也好，甚至是网络小说。我一直认为，学习不一定是书本，网络小说也并不是没有可取的地方。但在这之中，必须找到平衡。

为此，你必须学会选择和取舍。选择和取舍不仅是在书本和课外书中，学会了选择和取舍才能在高二不致乱了手脚，这也才是在课本之外读书的目标：坚持该坚持的，放弃应放弃的。

也许，对一些人来说，高二不仅是分科，还有分班。我很侥幸地分在了一直备受好誉的文科尖子班，也是在这个班里，我开始由初醒走向真正的清醒。

似乎是"一入侯门深似海"，身边的每个人都有着过人之才，便把你埋得不知哪里去了。当自己明白压力已经存在的时候，便在问自己：是不是还要选择坚持下去呢？

高二最重要的，不是你有多努力地去学习眼前的知识，而是明白自己接下来该怎么做，坚持，还是放弃？

相较而言，我的高二是轻松的。因为明白周围的人有多强，自己有多弱，才有了继续坚持下去的勇气，偶尔闲暇，也有了多读些书的想法。

当然，我建议大家还是多读些名著的好。读书不仅可以放松心情，减缓压力，很多时候，你还可以在其中学到很多有益的知识并提升自身的能力。

或许会有很多人认为成绩是在书山题海中培养出来的，其实不然。不是每个人都适合题海战术的，也不是所有的题海战术都是有用的，适合自己的方法才是最重要的。

有的人会在学习之余去打球，随着汗水的蒸发流掉长久的压抑；有的人会在游戏中缓解紧绷的神经；有的人会选择出去走一走或者跑跑步……

别人的经验也重要，也不重要。如果你只是原样照搬，那么，这种经验不要也罢。但如果你是在借鉴之后发现了适合自己的方法，那么，这种经验无疑是应该得到重视的。

讲了这么多，其实我要说的很简单，不过是告诉你：要学会选择和取舍。丢掉不适合自己的，将剩下的重组变成自己的，那么，高二就是充实的、不用遗憾的。

最最快意的高三

如果要说高中三年我最喜欢的是哪一年，我会说是高三。不是心有不甘的高一，也不是轻松自在的高二，而是让我为之奋斗的高三。

"十年如未死，卷土必重来。"这才是高三，所有的才能、傲气、不屈、坚持……发挥到极致，最最快意的时候，也是你只有放手一搏才不会后悔的时候。

"十年磨一剑，今朝试锋芒"，高三已是到了最后磨剑的时候，也是该亮剑的时候了。可是不同的磨剑方法磨出来的剑的锋利程度是完全不一样的。这里，我介绍一些自己的磨剑法子，却是要提前面说的话，如果只是要照搬，还是不要试的好，不然，可能会毁了你的剑。

文科生都知道，对文科来说，起决定作用的是三门课：数学、英语、地理。

首先，数学。

先把数学提出来说是因为数学在文科里是最理科的一门，而且也是分值很大的一门。我并不推荐大家用多做习题的方法来弥补自己在数学方面的不足，数学重要的是方法和思想而不是漫天遍野的习题。当然，做题是必不可少的，但是做题只是为了让我们在还未懂得如何应用数学思想来思考问题和运用数学方法来解决问题时先有一定的实例积累。如作战一般，实战家往往强于纯理论家。要形成数学思想并能习惯性地用这种思想来思考习题是一个很长久的过程，至少你必须先在心里有系统的数学体系，这要求你对所学的数学知识很详尽地掌握。也就是说，基础是很重要的。在一定的基础上，辅以不同类型的习题，越多越好（不是说每一种类型的题都要多，而是说习题的类型越多越好，而且，每种类型的习题最好是精选题）。理论加以实践，接下来便是要学会多方位多角度去思考。每一道题不一定只有一种解法，你也不一定就要掌握最简单最直接的那一种（掌握最好），有时候你的方法或许烦琐，但你却在其中思考到了很多的相关知识，这也是值得高兴的。

接下来，英语。

我会把英语放在地理的前面，是因为我自己的英语并不是很好，和周围的人比起来总有很大的差距，所以会影响总成绩。英语或许是最容易在短时间内提高的课程，所有的英语老师都说只要你认真去背单词、做阅读，英语成绩就一定会提高。同样的，关于学习英语这一点会有更加厉害的师兄师姐们给你们更好的建议，我的建议就是尽自己最大的努力，爱上这门课程，如果不爱，至少不要厌恶它。学习语言是很吃力的，如果你在学习的过程中对它产生厌恶，那学好它的把握连一成都不到了。当然，还有一些很常见的建议，如坚持每天朗诵、每天背诵一篇小短文、每天做一篇阅读……大家选择适合自己的方法吧。

最后，地理。

地理是除了数学外最接近理科的一门，也是让很多人头疼的一门。很多人的文综都是因为地理才会饮恨，尤其是在另外两门大家的成绩都差不多的情况下。我的建议是要先在整体上把握地理。地理其实是一门很系统很有逻辑的学问，有它独特的思考方式和解答手法，所有的特殊都是由它的系统和基础演变而来的，例如气候、适宜农耕的条件、适宜畜牧的条件、适合建造城市的条件、航空港的条件……而一个繁杂的个体系统就是由这些基础组建起来的。另外，还应该对区时、时区、太阳高度角……有一定的掌握，有些术语和套话在很多时候是很适用的，能记就应该多记一些（如：土地平整、土壤肥沃、土层深厚，诸如此类，很好用）。其实地理是文综里复习耗费时间最少的一门，只要你平时多认真一些，考试时甚至可以只看一遍中国地图和世界地图。

高三匆匆，却是我们最充满斗志的一年，快意地生活着，快意地笑着，那时候的我们，为了未来一起努力着，大家互相鼓励，一同向前走去，面对着要来的高考。没有风暴，因为我们是那样骄傲；没有后悔，因为我们是那样努力；没有眼泪，因为我们是那样倾尽全力……

有期待才会有努力的动力，为了你们认定的未来，为了不让自己后悔，请纵情拼搏。我们期待，你们浴火涅槃的那一天。

一路走来

姓名：徐临然
毕业学校：银川一中
就读高校：对外经济贸易大学

我，初中三年数学课代表，但英语却拿过全国一、二等奖。高中，三年英语课代表，但英语再也没拿过奖，其他的数、理、化、生更没有信心、精力和毅力去准备。所以，高中基本没什么辉煌战绩，一心好好学习面对高考了。

大学，就在北京对外经贸大学信息学院学习电子商务。

高中——wonderful!!

高中三年的时光一闪而过，不得不说的是：高中的三年，wonderful！有着无与伦比的魅力，让我为之深深倾倒，深深地爱上它！

从不熟悉到熟悉、从陌生到相知、从害羞腼腆地打招呼到活泼奔放地哈哈大笑称兄道弟，这一切的一切，每一点每一滴都让我感动让我铭记。

对我来说，不管是与同学的交往，还是确定目标刻苦学习，这两样都是我高中三年的主线，始终贯穿。我深深觉得，这两个都很重要，都不可割舍。好的人际关系和好的学习成绩都可以让自己保持一个快乐积极的心态去笑对每一天的生活。所以真的觉得高一、高二，甚至是高三，都没有很大的区别。

如果非要说的话，那可能就是高三的学习方式改变了。不再是吸收新的知识，而是一遍遍地复习、整理和大量的考试，把曾经的知识一遍遍在脑子里回放。经历高三，我对待学习的态度没有改变，依旧是认真、刻苦，但是心态的把握很重要。一次次的月考，我几乎都是考好一次、考坏一次，甚至有一段时间连着失利，老师也急（多次找我谈话），家长

148

也急。我自己当然也难免慌张。但这时候一定不能放弃，要反省：对于每一科，自己还有哪些没有做好，哪些地方还有漏洞需要补上。然后在接下来的时间里，静下心来，复习、做题（尤其是理科），在跟上老师复习步伐的前提下专攻漏洞。要相信，回报和付出是成正比的，你的付出会有人看得见，即使你在正确努力后的很短时间里仍然没有成效，但告诉自己，高考的时候就是收获的时候。我自己似乎就是这样，最后的月考、模考似乎都不是很顺利，但高考的时候竟然发挥得格外正常。所以，一定不要灰心，继续坚持、继续努力，把心态放轻松，但学习上一定不能放松，要坚持抓紧到最后。即使是高考的前几天，也绝对不可以放松，就把他当做一次模考吧，认真地、像平时一样对待它。还有，只要肯努力，任何时候都不会晚，努力一点是一点。所以当你想努力的时候，就立刻开始做吧！虽然看上去高三辛苦了点，但努力、投入地学习也是一种快乐，真正投入了你会体会到的。而周围的同学和朋友，正是可以让你放松心态，在学习的艰苦中找到乐趣的好伙伴，所以一定不要忘了和他们好好相处、互相帮助。

总的来说，高中必然是一段无法替代的美好回忆，学习很纯粹，友谊也很纯粹，感觉似乎一切都比大学来得容易来得简单，少了很多迷茫。呵呵，所以珍惜吧！加油！

大学——真的不好说

进入大学，就迈入了一扇完全自主的门。所有的事情，都要自己去把握，但这个把握还真的不容易呢！

"大学，就是大概地学！"真的吗？大学到底要怎么学是很多人都迷茫的事。还要像高中那样用功努力，天天除了学习还是学习吗？或是该逃课就逃课，该玩就玩，闲了翻翻书本，考前再突击？我的大学生活已经两个多月过去了，但我至今依然迷茫，依然理不出一个合适的学习方法。对还是不对？也许只能考过后才知道吧。但可以肯定的是，上了大学，自己必然会放松。想当年我高中的时候是多么刻苦，那时的用功现在都难以想象，每天十几个小时的高度集中。而现在呢？感觉就两个字：颓废！每天学不了几个小时，还老是分神，自己也苦恼了。原因其实也很简单，只是因为把大学当做了一片安逸祥和的乐土了吧，当做了一个可以松口气的地方，当做了自己奋斗努力的最终目标。我相信这不只是发生在我身上的现象，很多刚进大学校门的人都会有一段时间的迷茫吧？在我看来，大一是一个很难定位很难找目标的阶段，比高中多出来的那一年似乎让大学显得格外漫长，考研？出国？工作？这都是可以两年之后再考虑的问题啊。但在大一，必须清楚的是，这三个，无论哪个都不会和你的成绩无关。所以，保持成绩好才是硬道理，剩下的再说。（呵呵，这样说出来对我自己也是一种警醒哦！好好学习！好好学习！）

生活上，衣服开始自己洗、饮食起居都要自己照料，想想是有点麻烦的。生活费一定要计划着花，要不就会悲剧，我就常常悲剧，在不知不觉中花了好多，然后就开始惭愧，开始后悔。

所以说，大学，没人管，自我管理、自我控制就是很重要的。大家一定要把持好啊，避免悲剧。最重要的是，必须学术！大学生不可一日不学术！学术是唯一可行之路！就这样告诉自己吧，对以后有好处的！

○ 寄语 -
高中是美好的、唯一的，大学也是美好的、唯一的，但这两个是完全不一样的。所以，不管是哪个，但你身在其中时，认真度过它，好好感受它、好好珍惜它。我们永远不要后悔！

云卷云舒云飘扬　策马扬帆自徜徉

衣带渐宽终不悔，为伊消得人憔悴

至今我都有点想不明白自己高一是怎么了，我是一个很难一下子适应新环境的人，但我从不抱怨。因为家离学校太远，我高一住校了，完全不会安排自己的时间，在高手如云的高中里，我找不清方向，课程增多，压力加大。高一上半学期期末考试我考了第43名，这让一直成绩名列前茅的我很难接受。我永远忘不了那个冬天，我没有出家门，过年时伴着爆竹声我在一道道做书上的例题。我当时抹着眼泪心里想：在这样一个大环境下，我没有了成绩就什么都没有了。可能有些过激，但后来觉得的确是这样，我们作为一个学生，无论是小学生、中学生还是大学生，中心词都还是学生，学习文化知识是我们不变的主旋律，我们整日吃穿用一样不用操心，只干一件事：学知识，而且还是为了我们自己在做，如果连这都做不好的话，我们将来还能做成什么大事？何谈缤纷的理想？后来，我就从那个寒假最简单的回归课本翻了身。

高二文理分了科，我毫不犹豫地选择了文科。在此我要告诫学弟学妹们，分科时一定要尊重兴趣，要知道你选择的就是你将来的职业方向。热忱是支持我们走下去的最好动力。不要因为觉得文科轻松而选择学文，要知道文综根本不是门外汉所说的"死记硬背"那么简单。而且当你看过招生简章就会发现文科的好学校只有几页，而理科的一本学校有一大整本，你就会明白原来文科也不是那么好混的。

我个人强烈推荐一直坚持限时写作文，无论你觉得它多么无聊，但绝对不是浪费时间。当时到复习后期，很多人几

姓名：纳颖杰
毕业学校：银川一中
就读高校：对外经济贸易大学
专业：考古 经济学类（金融方向）
人生格言：既然选择了远方 便只顾风雨兼程
光辉历程：（工作经历所获奖项）中共党员，有10年的班长经历，银川市优秀学生干部，曾获四次校级三好学生、两次优秀团干部，全区中学生作文大赛第一名，全国软笔书法大赛隶书金奖，宁夏回族自治区50大庆诗歌朗诵比赛三等奖等，主持过银川一中元旦联欢会、英语周比赛，银川一中阳光电视台主播。

乎忽略了语文，但我认为这是一个即使不优秀也决不能拖后腿的科目，我复习时老师布置的每一个题目都会认真写，努力随堂完成，有时判分低了，还会再重写，找到老师问我的文章问题出在哪儿，怎么改。后来，我高考的语文名列全区前茅。

分科时一定要尊重兴趣，要知道你选择的就是你将来的职业方向。

我并不是一个博览群书的人，实话说更偏爱比较恶俗的青春校园小说，所以文史知识并不丰富。但我抓住了高考文综精髓：从课本中来，到课本中去，联系实际，发散开来。我每晚睡前再累也会翻上几页历史或政治书，墙上的地图也被我画上了洋流、大气圈、洲界等等。高考完后，我的文综课本所有扉页都不翼而飞了，翻了多少遍具体真是记不清。在2009年高考文综分数普遍较低的情况下，我保持了我模拟考试的平均分。

高中阶段印象最深的事

最难忘的事是，我一模后有些松懈，二模考得很差，在努力很久以后还是不见提高，三模更差，如果按那个分数放在高考里，我根本上不了重点。我并不是怕考得差，而是受不了在努力后不见成果。那天一人在车棚里哭了很久，任眼泪打在冰凉的水泥地上，碎成无数瓣。后来哭够了，发现明天还是要继续，我默默地回到教室，发现桌子上好多好吃的，我最好的两个朋友为了鼓励我给我买的。感动。她们给了我很大动力。在那样一个时刻，崛起是我唯一的选择，只要坚持，就会有奇迹。

传说中最舒服的假期

假期我考了驾照，和从小到大的朋友都聚了聚，特别去看了小学教过我的恩师们，这也一直是我的愿望。学了舞蹈。最有意义的事就是去固原的贫困县做了志愿者，支教了一段时间。这段经历让我更加明白了人生的意义，也知道了文化知识对于一个人是多么的重要。

昨夜西风凋碧树，独上高楼，望尽天涯路

学习

大学功夫在课下，这句话一点不假。可能四年下来，如果你不主动，没几个老师记住你的名字，辅导员也经常见不到。如果想学点本事，那么就会很忙，因为能学的东西太多了。如果你对自己没什么要求，那么天天可以让你闲到看遍想看的小说，打遍想玩的游戏。最终除了一张单薄的文凭，就是空白的记忆和待业的状态。

生活

第一次远离家，什么事情都要自己处理。理财、平衡时间、制定计划绝对都是个挑战。每个月生活费有限，这些钱花多少，怎么花就成了大学第一个课题。我的建议是能不买的就不买，能买便宜的就买便宜的。虽然我们都成人了，可是经济还不独立，那些终归都是父母的血汗钱，用在不该用的地方就是不孝。树立正确的金钱观可以帮助我们更快地走向成熟、独立。

开学不久就到了十一长假，放了九天假我都没有回家，我利用这个机会逼自己尽快适应新的环境，零距离接触孤独，这对于今后长达四年的学习生活很有必要。那九天心情一直很差，很寂寞，但走过来了，我发现自己可以不再事事依赖。我享受这个成长的过程。

　　我一直是个很自信的人，以至于在高考考场上，当我从人群走过，都有人说：看！那个人多自信呀，估计她没问题。我认为自信是成功的第一步。所以，在遇到人生的大事上我几乎不紧张，而这份自信不是天生就有的，以下告诉大家几个小方法来培养自信。第一，勤奋学习，改造自身不良习惯。别总说我不是学习的料，没人天生是学习的料，既然迟早要学，学晚了还总让人鄙视，那么就抓紧现在去学习，虚心请教。第二，培养顽强的个性。一定要做个有毅力的人，分内的事一定要努力做到最好，坚持到最后。第三，积极参加社交活动和社会实践，珍惜每一次当众讲话的机会，让大家迅速记住你，传递好你要表达的意思，赢得最大的掌声。要知道，大学和社会上没那么多有耐心的观众，也没有比你现在的家人、同学、老师更加宽容的聆听者。第四，注意体质锻炼和仪容仪表。身体是革命的本钱，如果没有旺盛的精力很难做成大事。永远不做不修边幅的人，从来没有第二次机会让你给人留下第一印象。

梦想缤纷拥有无悔青春

"十七八岁的年纪没有深沉，开始成熟的年纪梦想缤纷"。我们的心中都有一个梦，为了那个梦想，我们坚持不懈，努力奋进！

大学，每位学子十二年来的奋斗目标，为了这个目标，我们努力着，我们付出着汗水甚至是泪水。就如同高山上的雪莲要想在冰雪中盛开，就要忍受寒冷在雨雪中孕育多年；宝剑若想在战场上成为战士的守护神，它必定要在烈火与冰水中经历无数次刺骨钻心的痛；我们，若想给自己一个满意的答案，就要耐得住寂寞，经得住考验，熬得过痛苦，只为心中那五彩斑斓的梦！

姓名：罗曦雨
毕业学校：银川一中
就读高校：中国政法大学
专业：工商管理类
人生格言：胜利永远属于坚持不懈者
光辉历程：小学时获全国民族乐队北京邀请赛一等奖（二胡）；曾获校社会实践调查课题研究一等奖；英语周卡拉OK比赛一等奖。

清晰的记忆

依然能够清晰记起高中的生活，那段时光，如此美好，如此难忘，如此充实……

还记得我们是如此幸运的在一进校就遇到了百年校庆，我又是那么荣幸地站在庆典的舞台上为我的母校献上自己的祝福。高一的生活如此丰富多彩，合唱队、跆拳道社，还有大大小小的各种演出充满了我的课余生活。不想要当"只读圣贤书"的学生，所以我选择用各种活动和演出来装饰自己，有点奇怪的是高一的成绩却又是我三年中最好的。一年就在不断尝试中不知不觉地过去……

伴随着文理分科的洗礼，萦绕在心中千丝万缕的纠缠最终尘埃落定，我选择了在题海中奋斗的理科。我们认真地听讲、看例题、做练习、写卷子……喜欢在草稿纸上奋笔疾书后解出一道物理大题的喜悦与成就感，喜欢在向同学请教后豁然开朗的满足感，喜欢看到习题集上涂写的满满的自豪感。结束了自己给自己定的最后一场演出，只为能够跨上更高更大的舞台。我们要知道，自己真正需要的是什么。

那一年，一切都恍如昨天

在来到高三前，我们对这段特有的时期早已有所了解，这个时候我们紧张，我们努力，我们拼搏！在这个时期我开始寻找自己的目标，一个特定的切实的目标，心中有了向往，这个过程才会感到快乐。其实那个目标是心中的一个信念，一个让你在孤独无助、疲惫不堪的时候能够支撑你坚持不懈的信念。

所以一个清晰明了的目标是高三这一年支持我们坚持下来必不可少的信念！

那年，书包里装着一摞一摞的试卷，那是文印室中复印机不分昼夜工作的结果；课本上密密麻麻的"批注"，那是讲台上孜孜不倦的老师们的教诲；排名榜上一个个鲜红的分数，那是我们千锤百炼换来的收获。我们就如那身经百战的战士，疲惫不堪的是身体，坚毅不屈的是意志！不可能每一次的结果都是那么的理想，但重要的是那段拼搏的过程让自己学会长大。面对每一次月考不同的名次，培养的不仅是我们对复习的态度，还有我们的心理素质，要学会面对成功的喜悦和暂时失败的难过。在高三，最忌讳陷在一次的成绩中而无法自拔，要知道，每一次的考试都是一次磨炼，是为了那最后的成绩所做的铺垫。要从这个成绩中找出一个阶段复习的效果，吸取经验。

每天晚上回到家后，在翻开作业之前，我都会做一个小的规划，翻出了那多年不用的记作业的小本，将今晚要做的事情罗列出来，根据自己的速度在每一项任务后写上规定完成的时间，然后按照自己的规划来一项项地完成每晚的任务。

虽然高三我们要努力规划学习，但保证第二天的听课效率还是很重要的，最好是能让每天的睡眠时间差不多，这样自己的生物钟形成了，就不会感觉到哪一天会累得眼皮都抬不起来。那时的我唱着"下一站是不是天堂，就算失望不能绝望！"我们要知道"最初的梦想，紧握在手上，最想要去的地方怎能在半路就返航?!"虽然我在高三一年一直想找回高一时那很有优势的年级名次，但是有时候得过且过的想法占据了那一丝不苟的心愿，因此找回那种优越感成了我高中三年未完成的目标。高三的我们不能够有得过且过的想法，每一科的每一个步骤，只要是看过的、看到的就应该完全搞明白。心怀那最初的梦想，我们挺过这一年，只为那更高更广阔的舞台，要坚信，未来掌握在自己手上！

那纠结的几天

在填报志愿的几天中，纠结这个词可能会被无数次地用到。也许正如我之前说的，已经有了一个早先定好的并且为之奋斗了很久的目标，可是当知道具体成绩时，也许你伤心了，也许你犹豫了……不管怎么样，能够做到立即做出选择的绝对是极少数人。这几天全家人一起，翻看填报学校的书，上网查看学校资料，分析比较自己的分数……这些都是必不可少的。我们这一年是第一次实行平行志愿，大家心里都没有底，但是也正如之前几次填报志愿的讲解，我们知道平行志愿被滑档的可能性降低了，但是我们毕竟也只有四个学校的选择权，不能浪费任何一个机会。我认为，报志愿不仅要考虑学校的名气、地理位置这些外在因素，非常重要的是专业的选择，如果选一个自己都觉得接受不了的专业，那你未来的四年将会非常痛苦，而仅仅能让自己有点安慰的只有在给别人介绍自己的学校时那瞬间的自豪，这种选择是很不明智的。像我是在最后一刻将自己的第一志愿改成了中国政法大学的，因为我觉得法大给宁夏的三个专业我都能够接受，而我之前所报的那所学校有很多我几乎无法接受的专业，而自己又不能保证进那些理想的专业，并且为了防止那很小的滑档率，专业还要填服从分配，为了保险起见，我最后选择了中国政法。

还有一点非常重要，如果你不是那种非名校不上或者觉得自己上某一个学校有百分之百的把握的学生，那么你报的四个学校一定要有梯度，选出来几个自己中意的学校，根据自己的分数、喜好、性格各个方面作一个筛选。

总而言之，选学校、报志愿是一个很纠结很郁闷的过程，要有耐心地全面了解每一个备选的学校。可以通过学校的网站、BBS或者学校的贴吧，有些学校会有师兄师姐提前很久就建的新生群，里面会有很多能帮助你充分了解这个学校的东西。报志愿时是全家上下一起努力，父母的建议是一定要听的，但是要挑你觉得有道理、符合你情况和你想法的去做决定。志愿的填报决定你未来四年的生活，一定要确定所有你所报的学校和专业都是你自己能够接受的。

未来的天空很广阔

带着些许的好奇和美好的憧憬，我步入了人生的一个新的阶段。

看着自己以后要独立生活的空间，那窄窄的床，我知道，以后一切都只有靠自己了。在这里，要学会自己抉择，独立生活。经过很多的面试，我最终进入了法大的青年志愿者协会以及学生会。在每天的忙碌中，我了解了很多大学学生活动的内容和流程，也参加很多自己觉得很有意义的志愿者活动。做志愿者去帮助更多的人，我认为这是作为一个大学生去释放我们的激情和实现个人价值最好的表现方式。在社团的工作是辛苦的，而学习方面也同样不像之前想象中的那么轻松。从理科到文科的转变是困难的，我努力着去适应大学老师的讲课方式，积极参加各类对自己有益的讲座，见识到大师的风采……其实，大学并不是传说中的那么轻松，的确，再也没有老师紧跟着要作业，也不会有人因为你上课迟到而喋喋不休，没有人再给你复印一套又一套的卷子、资料……所有的一切只有靠自己。如果真的想在大学里学到知识，充分地利用大学这个平台上的资源，那么在这里，并不会比高中轻松。大学的生活过得很快，每天都有事干，虽然很累，但很充实，心里很踏实。

青春无悔

再高的山，再深的谷，也阻止不了我们前进的步伐。对自己说，虚心求学，把握现在，珍惜身边的点滴，注重每一个细节。正所谓：合抱之木，生于毫末；九层之台，起于累土；千里之行，始于足下。正是这些无数微小的分子才构成了整座知识大厦。我们怀抱梦想，努力奋进，为了未来那个有内涵很充实的自己，为了给自己一个无悔青春！

愿乘好风力，驶得万里船

姓名：莫雨涵
毕业学校：银川二中
就读高校：北京科技大学
专业：经济类
人生格言：长风破浪会
有时，直挂云帆济沧海
光辉历程：2006~2007
学年、2007~2008学年校三
好学生，2007年全国英语能
力竞赛二等奖。2008年全国
高中数学联赛三等奖。

首先我很高兴能将自己的经历写出来与学弟学妹分享，能和许多优秀的宁夏学子共同在这本书中畅谈是我的荣幸，希望我们的经验能帮助各位学弟学妹走过快乐的高中生活，考入理想的大学。

高中生活

高一

刚上高一的时候对高中很好奇，面对全新的老师、同学、学校都不太适应。我的高中和初中并不在同一所学校，不过现在看来这样的改变真的很有价值。说实话，高一最难适应的还是学习。高中的知识较之初中难度一下提升了一个档次，我真的花了很长时间才找到学习的方法和思路。高一课业负担不重，我们有充裕的时间去发展自己的爱好。也是在高一，我结识了许多知心朋友，虽然以后会分班，但是友情却永久地留存下来。高一的记忆有些朦胧，是学习与欢乐交织的时光。

高二

分过班后不知不觉上了高二。自己感觉到学业负担更重了，要学的东西更多了。二中的分班很奇怪，分出了三个尖子班，不过好在我们班基本保全了原来的同学。明显的感觉高二的课比高一紧张得多，也需要花更大的工夫去理解消化所学内容。记得高二时经常为要上竞赛课而头疼，明明不想去，但是大家都去自己不去很另类的样子……高二的时候会有一些竞赛，报名去试了试，当然清楚以自己的实力不会考得太好的，对那些高二就能拿一、二等奖的人一直很佩服，但并没有嫉妒过。

我认为学习只要认真，做最好的自己就行了。

高二的生活也很丰富，运动会一样开，还经常有人为我们做报告，听听倒也是一种消遣。高二时少了高一那份青涩，又没有高三学子肩负的巨大压力，抛开那些学习上琐碎的烦心事，高二是进入高三之前最后的轻松时光。

高三

进入了很多人说的魔鬼高三，其实并没有那么恐怖。学习上还是延续以前的方法，每天依旧是原来的时间作息，对高三的恐惧感一闪而过。日子一天天过去，才发现用马拉松形容高三最恰当不过。大家为了高考都在拼命学习，有时考不好老师会很严厉，班上的气氛冷到了冰点……有一段时间身体不好，天气又冷，每天上课生活枯燥又单调，真是快撑不住了。还好有家长、同学的鼓励，有着前方的信念支撑才走了下来。

复习方法就说说语文和数学吧，这两科把握比较大。

高三语文的复习基本脱离了课本，一般会有一本很厚的复习资料。学理科的学生不太重视语文，经常忽视语文作业。语文不是考前突击看看就能过关的，需要长期积累。从上高三开始每天哪怕抽出十来分钟时间，背诵古诗文名句、常考成语病句、文言实词语法，对语文的复习都非常有用。文言文不能偷懒，要多做多积累，现代文阅读要掌握方法，注意语言表达。至于作文，每个人写作水平不同，想在一年内有所提高可以买一本好的作文书，每天睡前看看。相信做到这些，语文是不会差的。

数学如果高一高二底子打得牢，高三问题不会太大。复习时要有针对性，哪弱补哪。概念忘了看课本，不能只用参考书。基础题要做熟练，争取不该丢的分不丢。在复习过程中，三角公式、圆锥曲线性质、立体几何定理有很多记忆的内容，平时一定要理解熟记。对于过难的题目不宜钻得太深，复习后期注意提高速度，回归课本。做题时准备一个错题本，随时查漏补缺。

学习体验

相信学弟学妹们都在感悟着高中生活的点点滴滴，这里我希望我的经验会给你们些许帮助，在高中阶段少走弯路。

1. 在平时学习过程中一定要学会自主学习。在高中，老师只是领路人，大部分时间要靠自己努力。如果觉得自己不太擅长自主学习，这种能力一定要培养起来。

2. 学习方法至关重要！掌握一个适合自己的学习方法比会做1000道题更重要。学习方法无所谓好坏，适合自己就是好的。

3. 高中阶段学习虽然很忙，但平时各种活动也应当积极参与，提高自己的能力。

4. 永远保持乐观向上的心态，一两次考试的失败并不算什么，要紧的是调整自己，找出失败的原因，相信你是最棒的！

5. 注意锻炼身体。高中学习压力大，课业负担重，没有一个好的身体没法坚持。我的方法就是每天放学后在学校操场跑步，时间不长，但很有效。

直面高考

到临近高考时老师会帮助大家调整心态，不会再加那么大压力。每天比平时稍微早睡一点，把学习状态调整到白天，同时注意心情平静，避免过度紧张或者兴奋。

到了高考考场上，每个人都会或多或少有些紧张。高考时天气很热，大家的心情会有些烦躁，我们要做的就是在考场上调节好自己的状态，争取发挥出平时的水平。关于高考，有人说20%考知识，80%考心态，这话不无道理。高考的试卷谁也不敢保证自己所有的题目都会做，当遇到不顺利的题目或者在自己不擅长的科目作答时更要注意以大局为重，不在一道题目上花太多时间，能够做出会做的题目就是胜利！

高中就像一张空白的画卷，需要我们用心中的激情为她上色！珍惜高中时光，珍惜恩师的栽培，珍惜同窗之谊，珍惜故乡的风情！

长长的假期

高考过后，我们迎来了期盼已久的暑假。这或许是有生以来最长的假期了。我在不安和焦急中等到了高考成绩，随后就是最令人烦恼的填报志愿。一大堆的参考书和资料摆在面前，因为成绩的不理想，始终在思考着是报一个好学校还是好专业，最终还是选择了专业。录取通知书送达的那天，我放下了最后一个担子。

大学生活

学习

由于每个人所学专业不同，每个人到大学里可能会有完全不同的感觉。有些同学会感到学习压力比高中还大，而有些人觉得很轻松。在大一，基础科目可能相差不太大。我所学的经济专业很特殊，工科、理科、文科都不算，所以课程也相对交叉。但我的学习不紧张，重要的基础课只有英语和高数。在这个全民英语的时代，四级证书成为了像生活必需品那样不可或缺的东西，因此大家都在拼命学英语。高数作为基础的基础，重要性与危险性并存，稍有不慎便会红灯高挂。在写这些文字的时候我们许多人正在不安地期待着高数的期中考试或者考试成绩，祝大家好运，高数永远不挂！

生活

我的大学生活是从失望开始的。我所在的经济管理学院大一新生第一年在离校本部很远的分校区，这可能是现在很多大学扩招后新生面临的类似处境。原来曾经憧憬的多彩校园生活要一年后才能实现，失望之情不可避免。随着生活的继续，我发现情况并非如此糟糕。不管是在本校区还是在分校区，我们终究是学校的一分子，我们可以去尝试竞选班委，可以参加各种体育比赛，可以和同学们互相增进友谊……生活上一切都要自己打理，这更是锻炼能力的好机会。大学生活会让你失望，但绝不会让你一无所获。

情感

大学里同学们来自五湖四海，大家操着不同的口音，有着不同的生活习惯，适应着全新的生活。接触着来自不同地域，和自己有着不同生活背景的同龄人，眼界会一下子开阔起来。不管你的性格如何，在大学里都应该与人多多沟通。因为在这里你会找到你的同道、知己，甚至一生的朋友。

离开家乡在外求学，对家乡亲人的思念会不时泛上心头，说不想家不想父母亲人是不可能的。对于思乡之情不必刻意掩饰，时常给家人打个电话，有空和原来的同学聊聊天都是很好的排解方式。

最后说说"爱情"吧。在大学，相信每个象牙塔里的学子都渴望属于自己的爱情。大学里的爱情比中学的爱情成熟，更加值得回味。在不影响学业的前提下完全可以去追求自己

喜欢的人。大学的爱情很纯真，两个人可以仅仅因为喜欢而在一起，这在走向社会之后是再也无法体会的。感情要随缘，但是缘分来到一定要把握，对待对方要全心全意。正确把握爱情，度过无悔的四年！

高中，我们最后的童年

姓名：王晓丹
毕业学校：银川一中
就读高校：中央司法警官学院
专业：监狱学系09侦查班
人生格言：只有从付出的角度能看得出你的重视程度

从高中走向大学着实心里有些迷茫，似乎目标与现实不是一个档次，但也更加突出了一句话，有付出不一定会有收获，但没有付出是一定没有收获的。希望我所经历的一切，能给师弟师妹们一些警惕，同时也希望我的经验能够对大家有所帮助。

对于一个如今身在警校的学生来讲，服从命令是第一准则，所以我想告诉高中的同学们相信老师，听从指挥，只有将原先刻板的东西掌握了，才能在它的基础上发展和创新。高中的课程本就是烦琐且难以应付的，唯有调整好心态跟着老师的步伐，才能真正地掌握知识，在最后的复习中也能更加得心应手。

顺利进入大学后，在每个悠闲的周末，回想起高中时候的种种，之前的日子便会一点一点地从记忆里面溢出。那些满载着我们希望以及刻苦的日子啊！

高一的时候，从家里刚来到银川，觉得很突然，一直不是很适应新的学校，学习上力不从心，况且对于当时的我来说，整个人还没有从初中时候的懒散中走出来，于是整个高一，我都觉得自己的日子异常愉快，但是成绩却也真的很令人失望，也曾像现在的许多同学一样，参加一个又一个的补习班。可是生活上的不适应还是影响着我的心情，很容易被别的事情影响。还好学校有住校生晚自习制度，才能保证自己每天四个小时的集中时间的学习。再回忆当时，是如此迷茫困惑，对自己的三年一点规划也没有，着实后悔。所以，高一的时候就应该对自己有清醒的认识，为自己做好三年规划并为之努力。

高一，并没有分科，所有的学科一起喷涌而来，并不是说高一就与高考没有多大的关系，高一是真正打基础的时候，在高一的时候，许多人都认为时间很多，其实并不是，如果真正按照我所说的这些去做的话。第一，应该尽可能全面发展自己的学科，不要一开始便为自己限定了以后学文还是学理。第二，一个努力的人，不会在任何时候放弃自己的时间。第三，没有人可以借走你的时间。不要为一系列的活动找理由，我们应享受学习的过程。

高二其实是一个新的起跑线，大家站在同一层面，要拼的是未来，而不是高一辉煌的成绩。有人觉得高一时凭努力和聪明拿到了高分，在分科之初便不怎么重视，养成坏习惯，成绩每况愈下。也有人在高二补弱，勤加努力，成绩逐渐有了起色。这些都是很正常的现象，重点在于，怎样看待高二这个"轻松"的阶段。其实高二可以说是高考的开始，高二是打基础的最佳时间也是最后的时机。所以，抓紧高二的时间，深入了解自己所学掌握并且懂得运用。

高三，这个时候就应该心无旁骛，一心一意为高考打算。面临着人生的第一个分水岭，这场高考必然是个漏孔逐渐缩小的筛子，我们在里面奋笔疾书，苦苦挣扎着想从那最小的孔里面钻过去，可是我还是遗漏了。从高一的时候我就发现自己其实是个怎么努力都没办法进步的人，可是努力这个词我也只是在高三下半学期体会过而已。但是我很喜欢自己的学习方法，高一的时候建立起来对历史的兴趣直到现在依然十分浓厚，这使得我在课下的时候往往情不自禁地泡在学校图书馆。建立兴趣的过程的确是很有用的，以至于我用自己建立兴趣的方式成功地对物理产生了兴趣，并且无论自己学得有多差，我依然不觉得学习物理有多么的困难，直到高考前，我都一直在坚持着。

整个高三的上学期，老师的整体复习还未结束，我们自己的重新复习便应该开始了，此时我认为应该同时掌握前面跟后面的内容，便于记忆，还可以将前后知识进行整合、联系，建立起知识框架。这些框架在最后冲刺的时候也是很有用的，有人说过学习的最高境界就是看到框架可以将内容进行非常详细的表述。高三的下学期，三个月的时间要复习所有的课程，课本至少就要看三遍，当然每门课都得看，因为高考始终不会脱离课本，先掌握了课本，再掌握老师的课堂延伸才是比较正确的。

高考前的最后一个月，大家就要开始调整自己的生物钟了，往往高考在即，同学们的身体素质会在马拉松式的消耗中变差，此时我们得提前放弃"点灯学习"了，每天按照正常作息去休息，加强身体锻炼，高考是个体力活儿，别让自己落后在这上面。最后的自主复习，可将之前自己遗留的问题翻出来，反复理解、提问，这个时候做题可以分类来做了，英语还是得保证每日的阅读以及其他的训练，至少一个半小时的英语训练是必须坚持的。而理科呢，也应该每日三四道题目，也不至于最后手生。最后的日子，我觉得最有用的东西是纠错本，那上边基本可以体现出自己的全部缺点，按着上面去改正，小错误便可以避免了。

我走过的高三，并没有那么繁忙，每天有计划地过，合理给自己安排时间作息，在高三最忙碌的时候，我曾经得过一次比较严重的感冒，从那次感冒后我每天都会增加自己锻炼的时间，所以直到高考，我都是很健康的。

关于生物的复习，我想着重说一下，因为在生物这方面虽然我的成绩不是很好，但是我反思的比较多。我所谓的学习方法，是在每次月考之前会把全解一本书做一遍，然后把纠错本上的题看一遍，这样更有效地也更全面地顾及到大范围，接着就没时间看书了。这很不好。应该注意将书本上的每一个知识框架放在重点位置，然后通过自己的回忆来补充坚实的内容。这些都是要靠自己来完成的，是参考书所不能比拟的。而这样的效果就是差不多考两次之后，生物的复习也就可以自行结束了。

之前有的同学跟我提到江苏的题海战术，的确江苏的学生高一的题差不多是我们高三的量那么大，到了高三更是没有办法比，但是我不赞同题海战术。每种题有它的经典题型，只要掌握经典题型所涉及的知识点并且一一攻克之后，再做大量的一模一样的题是没有用的。但是数学却例外，数学可以通过一样的题总结多种方法，然后从中总结出最省时间的解法。这样可以为大题争取更多的时间。

大学生活是我从高中便开始期待的，现在，每天唯一闲暇的时间便是与室友在一起的时候，更多的时间被安排上了训练，以及完全与理科没有关系的课程，充实又紧张，但也依旧适应了。只要想到日后可能从事警察或者国家安全的工作，便会有莫名的幸福。这让我想到高中的班主任所说，教育从来不是为了只教给你知识，更是为了教你做人。我想，也正是由于一直接受着这样的教育，才使我能够建立起这样的世界观、价值观。大学，在紧张、认真、活泼的警校环境里，不知不觉过去了半个学期，我显然已经适应了这样的生活，更加难忘的是高三奋斗的日子。

希望各位同学能够真正戒骄戒躁，一心一意应对高考。同时保持良好的心态、稳定的成绩，正确地审视自己，选择合适自己的大学。

在这里，我衷心地祝福各位，能够考上理想的大学：加油，你是最棒的！

青春无悔

姓名：邱义恒
毕业学校：银川一中
就读高校：西安电子科技大学
专业：工业工程
人生格言：低调但不平凡

好吧，我承认高一过的是什么样我已经忘的差不多了，只是知道在那一年刚开始时我还是个成功混过中考后意气风发的小屁孩。那时的我自信满满，好像自己就是全世界。然而进入了高中一切进入正轨后，慢慢地发现自己什么都不是了。同学都很强，一下子就把自己的什么都比下去了，而且老师的教学方法也和初中的不太一样，导致自己在一开始很不适应。所幸的是那时候发现自己的不足后并加以改正，自己的水平也就慢慢地上去了，再加上和同学们都混熟了，到后来就适应这高中的生活了。

大部分人都是高一玩过去，高二好好学，而我在高一、高二两年里都在玩。也许以后有人问你的人生最重要的一年和最遗憾的一年，我会毫不犹豫地说这一年都在高二。在高二的这段时间，我确定了自己的人生观和方向，而这些价值观和人生方向到现在为止都不曾被我改变过。然而也就是这一年，由于我的爱好在这一年集体大爆发，导致我的学习成绩一落千丈，以至于对高三的我和现在的我都产生了不良影响。那时候学习好像永远和我无缘，真正充斥我脑海的只是动漫、摇滚、科幻小说等等，课没有听几节，听不懂了就不去听，不去听就更听不懂，于是恶性循环一直到高二结束。

也许有人会说你一定会十分后悔白白荒废了这一年吧，我想说不后悔，毕竟这是我自己选择的路，不可改变的过错就让它过去吧。

高三一整年我还保持着前两年的精神状态和生活习惯——早上六点四十起床，晚上十点半睡觉。连我都吃惊在高考前最后的一年自己还能如此从容。平时摆着一副和谐又淡定的脸，没事时还是习惯去玩玩游戏、看看漫画……就是成绩不像我的脸那样好看罢了。上半学期就这样混过去了，在下半学期才因为突然对未来感到迷茫而好好学习，但是为时已晚，以前所拉下的学业已经很难学回来了。

基于这些体验和高考的成绩，我来说说语文和英语的复习。语文一定要听老师讲课，自己独自复习由于不知道轻重和语文这门学科的特殊性，往往不知所措。在复习时跟着老师，他给你的引导绝对会取得事半功倍的效果。英语我认为重在积累和拓展，一般考试给你拉分的不是听力、阅读和完型填空，因为你会的，其他人也会。而真正可以拉分的，在于阅读和作文。如果你有课外的拓展和积累，做起来就会很得心应手，一下就和没有拓展和课外积累的人拉开了距离。

对我来说高考只是普通的两天而已，因为我不相信人生就只靠几张质感不错的卷子来锁定。所以没有留下特别的回忆。

从高考的重压下解放出来的我，再经过暑假的彻底放松，在大学一开始真的没有过多地去考虑自己的学业，想的就是六十分万岁就没问题了。没有家长和老师的督促，学习的事情第一次由你开始做主了。但是我也没有忘，我到大学是来学习和完善自己的，轻重缓急自己还是明白的。不管你相信不相信分数和考卷，考六十分和考九十分的人还是有差距的，你要是能力强，为什么不考个九十分呀。所以上大学，还是学习最重要。

同学们虽然兴趣各异，但是都挺好打交道的，所以也不存在什么交往困难。有一点我想说的是，在大学绝对不要干什么事都独自行动，因为到后面你会感到自己没有他人的帮助会寸步难行。良好的人际关系是大学生活中十分重要的一块。

○ **寄语**

1. 高考并不决定你的未来，更不能决定你的一切。

2. 不管你是在哪个方面知识渊博，总比无知好！

3. 进入大学后不要忘记你是谁，来干什么的，将来又要去何处。

4. 加油！未来是自己用双手开创的。

凤凰花开的路口

姓名：师帅夫
毕业学院：银川二中
就读高校：北京化工大学
专业：教改实验班
人生格言：致知在于格物
平凡历程：曾获全国数学联赛宁夏赛区三等奖及校级三等奖学金

类似于经验

我是特别不愿意给别人什么学习上的建议的，因为很难，人人都有最适合自己的学习方式、学习套路，自然那也是最有效最切合实际的。不过既然有这样一个平台，我也愿与学弟学妹们交流一下心得。

其实，高中三年，能说的有很多，并不是这么一两页纸几千字能写完的。走在人生的花季，活力四射，朝气蓬勃，用一个词来形容的话，我想"成长"是最贴切的了。或许在学习上你很优秀，或许在工作上你很有能力，或许在活动中你崭露头角。人人都会有属于自己的锋芒，撑起一片天空。在高中体验到的不仅仅是有别于初中的校园文化气息，更多的，触摸到内心深处的是"情"——兄弟情、姐妹情、师生情、亲情、爱情，免不了的争名逐利、免不了的勾心斗角……这些感情交织在一起，能让我们洗下曾经一切的稚嫩和青涩，变得更加出类拔萃、成熟稳重，懂得人情世故。你看到的看不到的，听到的听不到的，有些事残酷到你无法接受，有些事强大到彻底颠覆一个人。不过大部分还是好的，能让你记一辈子的欢乐，能让你写下整整一本书的幸福，都存在于这个大家庭中。经历的多了，自然就会有所感悟，人生哪来的平平坦坦，各种各样的矛盾包围着每一个人，能在别人走不了的地方爬出一条道来，就是成功的！迎接青春的洗礼，好好珍惜这三年吧。

高考填志愿这件事，有心的你应该尽早做个规划。在这里我提个建议吧，最理想的当然是心目中的学校和专业都有把握走，可是这种情况较少，退而求其次，先选专业再选学校，专业至关重要。平行志愿的填报方式，虽然保证了高分的提档率，拓宽了选择范围，但是也增加了对低分的压力。很明显的，诸多高校的提档分较未实行平行志愿之前提高了不少。我的分数属于中等范围，在选择时就存在很大障碍，这个分数段通常是人数较集中的一部分，在自己分数允许的范围内选出适合的专业和高校，最好能找些有把握的去仔细分析。填报时一定要慎重，把学校的专业水平、师资力量、地理位置、学习住宿环境、就业方向和前景、待遇标准等各方面因素综合起来考虑，选出自己最心仪的学校。

先选专业再选学校，专业至关重要。

无论你是刚刚进入高中还是正在紧张备考还是已经享受假期了，多看看与时间管理有关系的书籍会很有用，下面这些话是我从一本书中借鉴过来的，我想多少会对你有所帮助：

找准目标，才能够忙在点子上。在行动之前设定目标，不要让自己同时有两个目标，明确的目标让你充满信心和激情，激发自己全心全意投入工作的积极性。

合理计划，提高做事的目的性，及时修正、调整你的计划，一次做好一件事，分步实现目标。

要事第一，不被琐事缠身，分出事情的优先级并依此顺序去完成它们，正确地做事，做正确的事。

重视时间的价值，规划好自己的时间，专注于手头的每一件事，学会发现和利用自己身边的零碎时间。

多去考虑现在的问题和潜在的问题，把它们看清楚，然后再去解决他们，绝不拖延。

一次就把工作做好，避免返工；简化问题，避免烦琐。

最后一点也是最难做到的一点——平衡生活，做一个和谐工作者。能够处理好生活、工作、学习、感情之间种种矛盾的人，相信他在任何方面都是非常出色的。

我的大学

大学，既是一个大舞台，也是一个大染缸。

大学，不再是别人给你什么，而是该伸手向别人要什么了。

大学，并不轻松，已经从高考的战场上走下来的你是成功的，毋庸置疑。更大的挑战还等着你去面对，好好给自己定个位，别想着来上大学就是来享受。在这里就是竞争，竞争，竞争！Go straight, Don't look back。

刚来的两个月，为让大一新生尽快适应大学生活，融入新的集体，会举办很多活动，毫不夸张地说，经常"玩"得连饭都没空去吃，丰富多彩、各种各样的活动能够满足每一位朋友想要释放的激情。而且，初入大学的你，是不会觉得累的。有各种各样的还没有经历过的独特活动。在这里，会提供给你很多很多机会，要选择一个什么样的大学生活，需要你们自己来寻找答案了。我个人的观点，学习、工作和放松要兼备，但得有"度"。学着去把握这个度，应该是你能正确步入大学生活的第一课。因为围绕在我们身边的事情已经不仅仅是像以前的学习和娱乐这么简单了，当你投身于一件事上（比如兴趣爱好、学生组织、课余活动甚至学习）的同时就会有另外的很多事情是你做不到的，当你融入一个集体（比如班级、社团、学生会）的同时你在另外其他集体中所扮演的角色就会随之淡化等等诸如此类的问题。举个简单的例子吧，北化每年都有一部分人因为学业问题或者行为准则问题而被勒令退学，有些人觉得进入大学之后就可以放纵自己了，于是成天安于享乐，后果是什么不言而喻，大学也是有一定制度的，虽然选择一个怎么样的生活方式因人而异，但是最起码的保障还是学习成绩，切记，学习成绩最重要！

我只能说，大学和高中有着本质上的区别，无论你身处何方，你的大学永远不是梦，好好努力吧，天高任你飞！

落英如许

因为走过，所以觉得不应沉默；因为走过，所以相信应该尽微薄之力，让学弟学妹多点快乐，少点挫折。当金光闪闪的薄纱透过法国梧桐的缝隙碎撒在房间里，我的记忆，我的感情，伴着那缕清晨的风，悄悄涉入时间之河。那里有缤纷的落英闪烁，浅笑着迎接我。

姓名：王 磊
毕业学校：银川一中
就读高校：同济大学
专业：土木工程专业
人生格言：让生命燃烧，而不是冒烟。

高一 那热情的日子

那个小家伙是谁啊！他矮矮的身躯顶着个好奇的脑袋，无时无刻不在兴奋地张望。他是我，准确地说，是刚进入一中高中部，对未来无限憧憬的我。高一的生活是五光十色的焰火，那跃动的身影是新奇、激动、热情的写照。记得我凝视着孙老师，想要了解这个爱笑开朗的新"头头"；记得军训时，我和同学一起在骄阳下立正稍息、练习军体拳；记得我骄傲地在笔记本上写下"一中"，写下自己的名字……高一啊，是属于向往和热情的日子。我为初中的成绩而自豪，为身为一中学子而骄傲。在热情的浇灌下，我心灵的幼苗在拔节窜高。

高二 学会思考，学会体验真实的高中生活

当内心的热情逐渐冷却，我就要静下心来，认真考虑自己的高中生活了。众所周知的高考已经迫近。每天看着高三学长严肃而又疲惫的表情，我感到惶恐不安，不知所措。学业的压力也在一点点凸显出来。

实话实说，我并非是个非常勤奋的学生，更不是个认真仔细、一丝不苟的学子。由于对文学、军事、科幻的爱好，我

175

很大一部分时间都在与课外书籍相伴。也正是在那时，我遇上了学习征途上的拦路虎——化学。如今回想起来，其实化学的关键在于认真记忆、耐心练习，可惜当初的我却懵懂无知。一次次考试的失败打击了我的自信和尊严。正在这时，孙老师给予了我无私的帮助。身为班主任的她为我仔细讲解化学上的疑难处，还鼓励我勇于面对挫折。正是在孙老师的鼓励下，我才走出胆怯自卑的阴影。

学习的挫折是成长的一部分，而学校生活的绚丽多姿则给了我无限快乐。仍然难以忘怀学校英语周那火热的氛围。在当时的竞赛台上，我和同学奋力拼搏，为班级拿到了荣誉。写到这里，耳畔好似回想着那此起彼伏的抢答，眼前依稀浮现着台下同学快乐、鼓励的表情。啊，还有当时一位同学演唱的《eyes on me》，它是那么悠扬，那么动人。伴着最终幻想的视频，让台上台下一起静静聆听。

高三　喜悦与遗憾

"高三是黑色的。"有人如是说。其实，黑色的不是高三，不是高考，也不是老师、同学和学校。真正黑色的是重压之下自己的心灵。如果在对高考的恐惧中自我迷失，那么彩色的世界也会变得索然无味甚至恐惧变形。刚进入高三，我和所有人一样，会对高考、对未来有难以避免的恐惧感。但是，我有一个乐观向上的集体，有很多关怀我们的老师。每个课间，每天放学，我们都能听到欢声笑语。身处在这样的集体，我与身旁的同学一样，把恐惧转变为动力。

高三学习，其实最重要的不是做多少道难题，而是在于对基础知识的牢固掌握。这一点我也是经过了高考的考场洗礼之后才恍然大悟的。例如物理，同学们可以将目录打开，找出各个知识点的联系和区别，在自己的脑中构建一个完整的知识体系网。至于其余的较为难、偏的部分就可以腾出时间各个击破。而生物，更是要求对课本进行牢固掌握，概念、设计实验，在听老师讲过后自己一定要回炉整理，做到不遗不漏。

高考是残酷的，它的残酷就在于那未知的偶然性。平时的努力是成功的必要条件，但它并非成功的充要条件。我们要做的就是全力以赴，然后无怨无悔。我的二模成绩很好，但高考分数却不尽如人意。也许这就是人生给我上的第一课吧！只要拥有一个坚强的心灵，风风雨雨又能如何？希望看到这里的同学可以坚强自信地面对高考以及人生的一切。拿破仑说："我生来不是为了被打败的，我的血管里也没有失败的血液在流淌。我是猛狮，而不是待宰的羔羊！"只要有如此精神，未来我们一定可以收获成功！

高考的残酷过后，我迎来的就是史上最长的假期了。因为我和兄弟一南一北，一个上海一个北京。所以在这个假期，我们全家在上海、北京两地做了难忘的旅行。我朝拜了北大，那所心目中的神圣学府，在未名湖畔黯然神伤；我攀登了长城，看红旗漫卷，山峦如画。还有那寄托了民族苦难的圆明园，站在那里，我知道我身上，我们身上的担子有多重。

而在上海，在这个我要求学四年的大都市，旅行变得现代了很多。东方明珠过山车的疯狂，乘船夜游浦江的浪漫，漫步校园的喜悦与期待。啊，这个假期，让高考的阴影一扫而光，取而代之的是宁静和安详。

大学　不要让自己失望

写到这里，中午的时光已经带来了懒散的味道。它在空气中缓缓弥漫着，让同济的校园安谧而又祥和。来到学校已然八周了。习惯了每天早起，融入人流一起跑早操；习惯了一个人匆匆地赶课；习惯了在同济造型别致的双塔图书馆里学上一个下午……同济校园的精美建筑很多，我有时骑着单车，在那些建筑面前细细地琢磨，看外形构造，想内部结构。啊！时间就那么悄悄溜走。上海10月、11月仍然很暖和。所以我就干脆躺在草坪上，对人生、对生命进行小小的求索。一个人也许会孤独，但那是成长的必修课。

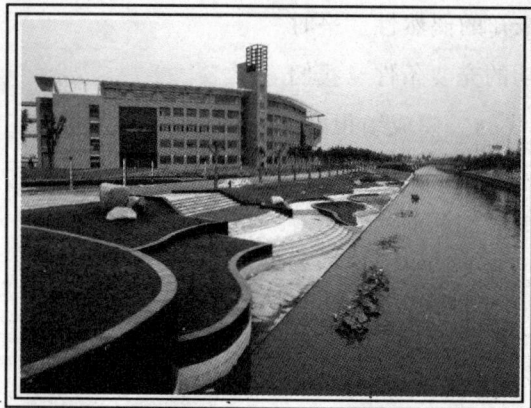

一个人离家，想念与牵挂是必不可少的。但作为男子汉，我能做的就是尽量自己搞定一切，不要让家人担心。在大学，学习是自己的事情，没有任何人督促。你可以自己选修感兴趣的课程，也可以选择老师进行试听，更可以在图书馆钻研直到晚上九点。

也许你们好奇真正的大学是不是真如伊甸园一般可以尽情享乐。我在这里用李开复的话来回答大家吧！"不要说上课听不懂，不要说教师不关心，不要说专业不感兴趣，不要说学校太烂，堕落不需要理由，只需要借口。"同学们，请不要给自己找借口。以我的亲身体验为例。因为同济的排名不算靠前，这也许使得很多曾经胸怀梦想的人颓废无奈。于是他们彷徨，于是他们堕落。但，路是自己走的。想想自己对两鬓斑白的父母的责任，想想自己对怀抱殷切期望的家人的责任，更想想对自己—— 一个刚步入人生关口，有着无限可能的年轻人的责任。我还在大学适应期，但我相信我不会堕落。我希望全力以赴，做到最好。

○ 寄语 --

让生命燃烧，不是冒烟；让家人快乐，而不是担心；自己努力，过程最重要；学习累了，多做做运动，让身体和头脑协同发展；坚持梦想，你，一定可以的！

花开不败

人往往总是在当下感叹时间的漫长，回首过往，才会发现，时间穿梭得如此之快。匆匆忙忙中，我的大一生活已经过去四分之一了。

想起刚步入高中的时候，懵懂年少，兴奋却又迷茫，以为从笼子里解放的日子就要到来了，没想到却又走进了一个更大更紧密的笼子。现在看那时的自己，多么欣然。高中生活尽管忙碌却是充实美好的，回忆起来仍然是甜的。

为了方便上学，我家搬到了学校对面，出门仅过一条马路就可以到学校了。正因为如此，警惕性就降低了，经常会睡过去一节语文课，醒来之后惊慌自己迟到得如此彻底，慌慌忙忙赶去学校，溜进教室里，假装若无其事。这应该是每个学生都有的经历吧。在高一发现自己的理科完全无可救药，玩了一年以后，高二我毅然选择了文科，继续在我可爱的班主任的带领下度过难忘的两年文科学习岁月。

姓名：陈辰
就读高校：东北财经大学
专业：工商管理

> 每个人都应该术业有专攻，做自己感兴趣，喜欢的事情。

我真的很喜欢文科，于是就对学习产生了非常大的兴趣，不知疲倦。所以，每个人都应该术业有专攻，做自己感兴趣，喜欢的事情。喜欢用政治课学到的知识跟爸爸妈妈侃侃时事；喜欢用在历史课上听到的正史和自己查找的野史相比较使自己对人物了解得更全面；更喜欢用地理课上学到的东西去分析自然现象（这也许是文科生唯一与自然挂钩的一门学科了）；同样喜欢数学课上各种各样的函数曲线，有图像什么都不难；最喜欢的还是语文和英语，语言总是有着奇特的魅力。

高中时候有一群好朋友，大家总是在一起为了一道题争论。尤其在高三的时候更加凸显这样的好处。记得原来经常跟我亲爱的同桌研究数学题，几乎学校都没有人了我们还在争论，达成共识以后我们一起结伴回家，尽管我只能陪她过条马路。有时候，学累了，就跟最好的朋友在学校里转，学校的一草一木，我们都再熟悉不过。高三很单调很苦涩，但是心里很平静很充实。我喜欢平静的感觉，尽管不太喜欢无穷无尽的考卷，但是再苦再累，也都过来了。现在想起来，还是很美好的，有点想念。

有人说高三是末日来临，我却不一样，因为爸爸妈妈没有给我太大压力，自己也比较喜欢轻松的学习，所以还比较快乐。当然，学习态度还是严肃认真的。但毕竟一个人的精力是有限的，有好的身体才能发挥无穷的潜力。我想，只要上课认真听课记好笔记注意消化，高三还是会比较轻松的。无数的考卷和练习，让人看到题就麻木，一个个鲜红的分数，却总是敲击着心灵。总之经验就是，重视高考，但不要太有压力。会学的人，从来都不会亏待自己的。在我看来最有效的复习方法，尤其文综，就是要多卖弄，碰到现实生活中的问题，尽量用自己所学的知识去给别人讲，真的很有效果。不要吝啬分享自己的知识，多给别人讲述会让你记忆更牢固。同时对于文科生来说，数学也是很重要的一门，记住解题思路和方法很重要，题海战术不可取，只要记住了解题思路和方法，多去归纳，数学不会太难。所有学科都讲究章法。

现在回忆起高考的前一天，还仿佛在眼前发生着一样，那天看完考场以后，爸爸妈妈带着我去转，尽量让我疲惫一些，好让晚上睡眠质量好一些。不幸的是，我到晚上因为些许紧张和过分激动，一晚上都没有睡着觉，忐忑了一晚就那样上考场了。现在如果让我再经历一遍，我肯定是不愿意的了。不过这的确是难得的宝贵经历。等到真的见到卷子了，心也就平静了，也不害怕了，从容地做题写答案。人往往面对未知的时候会恐惧。

　　印象最深的一件事，就是语文考了年级第一的同时，总成绩居然闯入了年级前十。前所未有的辉煌，很有成就感。当时老师给了我很大很大的鼓励，现在让我都很难忘。我们可爱的班主任摸摸我的头说，下次争取考班里第一。有人肯定就更有动力，尽管日后没有实现目标，但我现在仍然相信，只要努力就会有好结果，就会获得认可。

　　作为一篇回忆录，不得不提的当然是高考完后美好的假期。很多同学都去旅游了，而我没有，我选择了留在家里，花很多时间陪爸爸妈妈、陪好朋友们，因为高考这一关过去，要面临更艰巨的一关就是分别。这不是努力就能克服的事情，而是一件必然发生的事情。所以我花了更多的时间去陪伴我留恋的人，走访我留恋的地方。这样的假期很快，很悲伤，分离的气息满布每个人心中，却又无人言谈。直到最后收拾行李准备走的时候，才会清醒地意识到，在这一个我从小长大的地方，我有太多太多的留恋。

　　飞机降落到大连的时候，我哭了，跟妈妈说，我想回家。面对一个新的陌生的城市和一群陌生的人，我很恐惧，尽管这是个美丽的城市。我的大学生活在我的无限怀恋中就这样开始了。

　　每天三点一线，教室、食堂、宿舍，这就是全部的生活，没有想象中的丰富多彩更没有想象中的轻松。我突然发现课业负担比高中的时候还要重。尤其我是往出国方向培养的学生，全英文教材和困难的高数让我一下很难适应，加上生活上的变化，没有亲人在旁边陪伴支持，我突然变得很忙乱。那一段时间很痛苦，晚上因为不适应集体生活，不适应同寝人的作息，导致很长久的失眠，我坐在椅子上听歌，一听就是一晚，那时候会格外想家，有时候也会哭。

　　后来突然意识到，这些都无济于事。我应该很快坚强起来习惯新生活才对。于是我开始努力使自己的生活变得有条不紊，整理房间、洗衣服、买饭、买水果等等一系列的事，我都可以做得很好了。同时，我每天都会努力学习，上自习上到很晚以后，在回寝室的路上会看看学校的风景，呼吸这里的空气，慢慢去融入。

没有熟悉的伙伴，没有家人，起初是孤独的，慢慢也习惯了，也渐渐喜欢上了这样一种可以称作小资的习惯。新朋友一个个出现，路上多了许多打招呼的人，突然发现，有这么多同伴怀揣着梦想互相慰藉。以前的旧识，因为换了新环境都有所变化，大家成熟了、懂事了、思想也变深刻了。这是困难带给我们痛苦之后又给我们的幸福。

大学还是美好的，人是需要奔波的，不可能永远生活在一个地方，世界很大，要去闯闯。对于还在奋斗的学弟学妹们，只想说，定好自己的目标，别后悔自己的选择，然后为之好好努力，别太牵强自己，学会承受，学会坚强。

希望年轻的我们，都可以花开不败，永不凋零。

带着梦想扬帆起航

大学，新的开始，却也有一种新的生活与无奈，心中的矛盾与不解浮上心头，思索……当你选择了鱼刺的纠缠，天下没有只赚不赔的买卖。起初，我没有体会过这句话的意思，人就是在成长中懂事。

回想高三，时间早已随风飘去，随水流走，但点点滴滴都清晰地印刻在我脑海中，埋在我的心中，高三过去了我才明白逝去的已无法挽回。

曾在桌上刻了这么一句话：壮志在心奋力战高考，信念盈胸翘首待佳音。我找不到更好的借口来填补我的过失，于是我决定选择激励自己。

记得那时看到那些被地震夺去生命的人，不禁让我感到生命的脆弱，但当我看到那些身着绿衣和白衣的无畏勇士救人的场面，不禁又让我感到生命脆弱背后的坚强。自然灾害可以毁灭我们的家园，夺去我们的生命，但它永远打不败我们中国人。就像于丹说的：大难来临的时期，就是以心换心，以命换命。有些人，一条命换了几条命。我们活下来的人，一颗心还能换多少颗心？我们做不了以命换命的事，但我们还能做以心换心的事情。正如高三，我们的心彼此相连，再凶猛的暴风巨浪也无法阻止我们前进的脚步。汶川地震向我们诠释了什么是真正的团结共进。

过程走好了，结果就不会错。

于是，当结束的钟声敲响，彼此会心的微笑展现在你我疲倦而无悔的脸庞上。无论结果如何，我们都已尽力。记得政治课老师曾给我们说过：过程走好了，结果就不会错。

姓名：蔡元培
毕业学校：银川一中
就读高校：中国政法大学
专业：法学
人生格言：如果一个人不知道他要驶向哪个码头，那么任何风都不会是顺风。

183

虽然多少有些遗憾，但至少我怀着激动与向往的心情步入了法大的校门。

学兄学姐们的热情迎接深深感染了我，从报名到体检到住宿到后来的借课本，他们用无微不至的心温暖我们生活的点点滴滴。教导员在入学教育时就对我们说过：大学生活是漫漫人生路的一个阶段，也是人生之歌的一个乐章。这段路既是短暂的，也是漫长的；这个乐章既可能是优美动听的，也可能是遗憾苦涩的。为了实现社会主义法治文明的理想，再坎坷的高山也会被我们越过，再汪洋的大海也会被我们渡过。尽管起初再大的激情最终也会消磨殆尽，至少我们会保留这一份激情最大化地用于我们为之奋斗的事业。

课堂上，可以听到很多资深教授的谆谆教诲，知识的海洋永远没有彼岸，我们在这里不断补帆修桨加固船身，以饱满的热情驶向那片更广阔的蔚蓝。

课余之际，有众多的讲座与形形色色的社团协会。社联、青协、学生会，无一不是我们展现才能的舞台。在这里，我们提高自己的学术水平，锻炼自己的实践、公关、调研的能力，进一步拓展人脉基础。学习和社团工作构成了大学生活的两大支柱。

机遇与挑战并存，前进性与曲折性相统一。忙碌的学习与工作，也让我倍感压力与负担。周围五湖四海的朋友们，来自不同教育水平的省市，决定了我们彼此不同的起点。看着室友们每天奔波于图书馆和自习室，每天熄灯才回宿舍，次日六点又早起晨读。在这样的一个氛围之中，原本还想酣睡的我却心事重重，以前的优越感荡然无存，一股巨大的危机感突然压在肩头。在社团活动中，看着伙伴们淋漓尽致的演讲与主持，才华横溢的歌声和辩论，激情而稳健的组织公关能力，不禁感到又羡慕又有压力。在起点上我已经落后于他们，以后要付出多少的艰辛与汗水才能够赶上甚至超越他们呢?

我相信这一天终会来临。拿破仑说过胜利属于永远坚持不懈者。雏鸟要飞翔于苍天,需要振翅的勇敢;幼马要奔驰于旷野,需要跌倒又爬起的毅力;也许不是每个人都生来具有这样优秀的品质,但我们可以学习养成这种品质。"百步九折萦岩峦"时,学会养成知难而进、逆水行舟的能力,让逆境挖掘我们的智慧,激发我们的潜能;"吹尽黄沙始到金"时,学会养成不骄不躁、沉着理性地面对,让成功增加我们的信心。

让花儿因季节而生动,让灵魂因守望而圣洁,让生活因热情而充实,让青春因奋斗而永恒!当晨钟撞响又一个冉冉升起的黎明,当喜悦奔腾在这燃烧的青春岁月,当漫步在这生动优美的青青校园,你不想做些什么吗?加快脚步!年轻的我们,让踏实踩出一条路,让平凡谱出一曲歌,那才是大学生活的主旋律。

带着最初的梦想,我们扬帆起航!

○ 寄语 -

　　学习,不要过度追求方法和技巧,与其有那个工夫,不如付出更多的汗水去实践。天道酬勤!

波澜不惊，安之若素

姓名：王雪
毕业学校：银川二中
就读高校：对外经济贸易大学国际商学院
专业：财务管理专业
人生格言：愿你生命中有足够多的云翳来绘出一个美丽的黄昏！

May there be enough clouds in your life to make a beautiful sunset!

高一，一切是刚刚开始吗？不！

真正的人生开始永远掌握在自己的手中，你的命运并不随着中国式教育的一个个学期度过，作为聪明人，任何时候都应该是不断磨炼自我，不断充实和追求梦想的过程。当然，并不是每个人都可以从小就知道自己想要什么，家庭背景和社会背景的不同总会给予我们理想的假设或者安逸的环境，殊不知，外面的世界每天都在变化，它不会为你而停止，我们千万不能犯的错误是自欺欺人！现在，你的目标不应该是学好课本提高成绩，因为到了大学，很多不一样，不再只是围绕书本，实践能力很重要，要学会Presentation。

所以，我很认真地说，中考完的假期真的很重要，最好先报个数学衔接班提前感知一下，对于数学尤其不擅长的朋友们，建议你们提前看看高中的教材。

否则很可能是我这样的结果：一个多月的时间听天书似的，也不敢问老师问题，对数学发怵。我的课堂作业在一段时间里是这样完成的：先抄同学的，再自己理解，不懂再问（其实很多都不知道）。我的原则是：可以迟交但绝对不能不交，不懂可以，但不能不上进！

高一一年，不仅知识上获得很多（虽然现在也没记住多少），而且在人格上更成熟了，走过艰难的青春岁月，到头来才发现那是不尽的珍宝，你会了解，人生还有很多值得期待，你的痛苦根本不算什么。Rest if you must, don't you quit! 或许可以像我自嘲一样我可以继续活下去，看看究竟糟到什么地步。现在看看，我也还好吧，呵呵！

高一的经历可能是我这一生都难以忘怀的：因为痛苦，所以刻骨铭心；因为坚强，所以磨炼自我，所以不畏迷途；因为压力，所以充满动力（即便我不喜欢）。

高二，开拓眼界，收获友谊的一年！

进入高二，我毅然决然地选择了文科。选择文科，是因为我喜欢人文社科领域的东西，也因为我的思维方式好像确实不适合理科。每个人因为不同的原因，选择不同的道路，就是修出一段永恒的缘分，没有对错，只有适合和喜欢。

学弟学妹们，真心地希望你们认真对待每一次选择，就像在每一个岔路口选择方向，没有回头，每一边都有不可多得的风景，只有你们，才有资格决定要到哪里去，除了兴趣以外，不要考虑别的因素。

文科是一个比理科更要超越书本的科目，无论从哪一个方向都可以延伸出无限的问题和焦点，最好可以涉猎广泛的阅读和兴趣爱好，比如我很喜欢看杂志和《环球时报》。

关于课本知识很大一部分在高二完成了，虽然感觉没什么实质性收获，但是文科就是在潜移默化中影响了你的思考方式、角度和直觉，或许这就是它的特性吧。我喜欢文科这样一个回归自然人类本身而又超出其外的自由气息，作为双鱼座的我，不知不觉就迎合了自己天生的气质。所以一切都要以自身为出发点，去走自己的路。

孕育梦想，认真追求，无怨无悔！

高三，累吗？

永远都不要想看清远方模糊的风景，只做手边清楚的事情。咖啡伴我每天起床，书本伴我每天睡觉，课间和放学后和优秀的同桌一起学习一会儿，利用了不少路上的时间，互相监督激励，每天都很清醒，好像一点也不劳累，当然午觉是不可少的啊!

高三真的很自觉,吃饭都像打仗一样,匆匆忙忙,我觉得没必要大补特补,我每次都是父母做点什么就吃什么,吃这件事真的没什么大不了的。周末会看看报纸杂志了解资讯。我的习惯是周五中午看报纸,周六回来就是一晚上的电脑时间,看外国电影、听英文歌可是我最大爱好了,它会给你很大的精神动力。这也基本上就是属于自己的时间了,不能期待自己像永动机一样可以不停地工作,不管怎么样,都要抽空放松一下,毕竟我们还没有忙到没有这个时间,这样也会比较有效率啊。然后,周天再去图书馆自习,有氛围的情况下会比较有学习的欲望,但基本是不知不觉就度过了周末。

高中,真的朴实得像老大伯手里的玉米,一颗一颗都是黄金,从播下种子开始,孕育了一个并不明了的梦想,然后认真追求,最后回首,不能说完美无缺,却也是自己最满意的答案。

对于高中生活,因为我追求过,所以无怨无悔!

高三,其实真的不累!

忙碌而又空虚的暑假

我的暑假绝对不能当做正面教材来学习,因为我一闲下来就会无所事事,然后挥霍大把的时间,这个暑假似乎很忙碌,但是在学业和个人能力提高上确实没有任何鲜明的进步。

如果能稍微提一点的就是学了一个多月的吉他,越学到后面渐渐地开始领悟到吉他的魅力了,但是我却要走了。我会尽量去尝试每一件我不曾经历的事,对于未知事物总是抱有很大的好奇心,但是坚持是件不容易的事,希望这一点千万不要被人学。

然后就是假期实践,本来想打工体验一下的,却没有找到适合的,最后正好有个姐姐开了一个服装店,基本是参与了全过程，施工开始到经营，学到了不少。

大学，究竟是什么？

大一第一学期，在思想上首先会遇到较大的波动。在这里，会发现很多东西早已改变，而我们要做的就是改造自我，然后去适应。

首先，大一的课都很基础，不涉及专业课，但是这并不代表你可以不用心学习，这里的氛围会让你感到真的是你自己掌握自己的时候了，或许我们曾经歇斯底里地要求自由，是的，大学就是这样自由，从未有过的自由。当然对于人生有规划的人，对于擅长社会活动的同学，这里是你尽情发挥的舞台，全然不同于高中，不用默默无闻，这里要求思想的火花和年轻的冲劲，在任何方面！这里没有年级之分，只有同伴、朋友和陌生人，包括自己的老师。

竞争真的才开始！对于已经准备好的同学，这里就是你的天地。当然，还有很多人和我一样，不知道未来的方向，出国？考研？找工作？就是这么现实的问题摆在你的面前！

所以，请尽早地思考自己的未来吧！永远都不要骄傲，在大学里每个人都很强，在发达地区的尤其视野开阔，这是在北京上学的好处。当然，我们也不能过于自卑，要用实际行动去证明给他们看：我们也很强！

大学里上课只是一个检验你自学的地方，是一个互相交流的地方，剩下的都是自己学，学什么，怎么学，完全靠自己！所以，别指望和高中一样，收获的地方主要是在课堂上。我们的收获就看自己怎么安排时间了，空闲的时间还是很多的，所以大一不忙的时候我们可以发展自己的爱好（无论自己擅长不擅长），在招新时参加面试锻炼一下实践能力也是不错的！

至于伙食等其他方面，我认为那并不重要，重要的是你可以在大学获得什么，锻炼什么，而不是这些小事，胸怀大事的人是不会介意这些生活条件的，时刻都要记住你是来求学的。我们学校较小，可能某些条件并不是最好的，但是在这个小而精的学校里，还是能收获自己的梦想的。所以一旦进入某所高校，千万不要对这些斤斤计较，而是承认现实，并怀着希望去走这条命运安排好的路。

长路漫漫，想家吗？或许在某个熟悉事物出现的时候，你会突然感觉过去多么美好。但就我而言，我一直比较独立，我不希望成为娇气的人，事实上，我也并不十分想家，因为我知道在哪里对我的人生更有利，早就抱着一种出来闯荡的心态，不能太过儿女情长，相反，难受的可能是自己的父母，无论如何，终须一别，不如让我们潇洒一点，仰头去寻远方的路！时刻和父母保持联系，但是不要总是想回家，即便是假期，因为假期会有丰富的活动和实习等等，回家并不是一件值得骄傲的事。

爱生活　爱学习

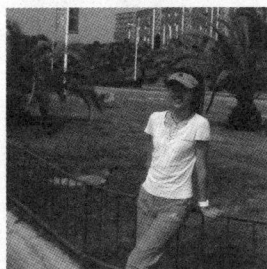

高中生活

高一

　　刚进高中时还是充满新奇的，但过了一段时间后，就会很想念初中的同学。也许是跟高中的同学们还不是很熟悉，也许是高中同学们的活泼还没有展现出来，也许是大家还在磨合期，总之就是很想念初中的同学。在学习上，对于历史、地理、政治这些以前不被重视，现在需要被我重视起来的课，我在探索着怎么学，探索着也迷茫着。主课的难度也跟初中是两个等级，我一边因为这里是人才的聚集而倍感压力，一边努力地学习着。

高二

　　文理分科，我选理科。原来的同学好不容易融洽了，又换了新的同学，又是大集体重新适应的时期，不过比起所在班被拆散的同学，我幸运多了。我发现有些同学在调到新班后，很久才能适应，这是很影响心情的，影响了心情就会影响学习，所以学弟学妹们还是要注意一下的。我换同桌的经历是最难忘的，真的换了很多的同桌。现在想起来很有意思。他们各具特色，聪明的，幽默的，活泼的，沉稳的，善变的……其实回头看看，每个同桌都很优秀，自己要放正心态，平和地对待，才能和同桌相处更融洽。高二的学习难度比高一难，要不断改变学习的方法与方式。成绩变动时，要平常心对待：那是很正常的事情。只要能不断地想着还有学习这个重任，并且不断努力，总是有收获的时候。我觉得，

姓名：孙婉玥
毕业学校：银川一中
就读高校：上海财经大学
专业：工商管理类
人生格言：Art is long, life is short!
光辉历程：
　　2008 全国生物联赛省级三等奖，2008年全国高中应用物理知识竞赛 宁夏赛区一等奖，2007年全国中学生英语能力竞赛 高中组 省级二等奖，2007年全区第三届中小学生作文竞赛高中组一等奖。

成绩有变动，证明你生活的完整性，至少除了学习，在高中时还经历了其他生活，是很值得的！

高三经历

刚上高三时，很有精力和动力，什么复习内容都想看，所以呢，理所当然的第一二次月考很好。后来随着时间的推移，精力减少，压力增大，感觉都没力气了，所需要复习的内容自己不断地缩减，觉得大脑闷闷的。到十一二月时，每天回来只想睡觉，觉得疲惫，很难打起精神。觉得有那么多东西要学，前面觉得没学好，但是又没有时间再看一遍，很着急，很烦躁，有时感觉心脏都疼痛。但回头想想，如果那两个月能熬过去的话，最后的成绩就不会是这样的。至于到三四月份时，自然精神就好了，忙也照样忙，学习任务仍然不轻，但是精神好了。我记得学校请了一个心理老师来给大家做演讲，她说我们就像在爬山，刚开始时有精力不怕，中间那段最难走，既没有精力，又看不到希望，最后快到终点，可以看到终点时，自然又有精神了。所以把握好中间那段是十分重要的。

至于学习方面，每个人适合的学习方法不同，只要自己想学好，总能找到合适的方法，看别人总是有不适合的。不过学习英语和数学的方法还是可以分享一下的。英语，直到现在上大学了，还是觉得单词第一，高中时当然要注意语法，很多细小的方面要注意，多看看，容易忘和错的，自己要整理，辛苦的工作会有收获的。阅读和完形是一定要一直做的，会有语感和所谓的手感，不过是以精度为首要的。数学，即使难题不做，其他全对了，那也是很强大的。这是为了说明，会做难题不是最重要的，认真和注重细节更重要。当然如果立志清华北大的同学们，就要两方面都强才行啦。高考前，一定要轻松，但不是太放松，因为太放松，做题会变慢的。不要想你放假后去做什么噢，过好当下，不然会涣散军心。我自己就是这样，希望大家以此为鉴。

填报志愿

填报志愿时，首先要有自己的方向，就是所谓的兴趣。因为当你学习累时，支撑你的是你的兴趣，而不是其他的什么。比如先定好一个大的方向，是要报医药类、财经类的、理工类的，还是军校类的。我认为专业没有好坏，所有专业都是被需要的。只要你有自己的特色，只要你够优秀，无论在哪个专业，以后都会有不错的出路。

其次要看你所选的类别都有哪些学校，根据你的分数选出一些你中意的学校。当然四个志愿里，你也可以同时填几类院校，这还是看个人的爱好和以后的志向。

还有就是你自己的价值观问题。比如说，你想选会计类的，厦大的会计和上财的会计在全国排名都很靠前，这时，你要选的是城市和校园文化。你是喜欢安逸的厦门，还是竞争激烈、节奏快的上海。你是喜欢校园文化浓厚的厦大，还是喜欢校园历史较短、就业前景很好的上财。这些都需要自己定夺。

这些就是我觉得在填报志愿时，应该注意的几方面内容，希望能对各位学弟学妹们有所帮助。

史上最长的假期

同学的聚会、聚餐、唱歌，这些肯定要有的。和死党逛街吃东西；去夏天也寒冷的九寨沟旅游；给爸妈做饭；去舅妈的奶茶店帮倒忙；去厦门旅游——美丽的厦大，热带风情的温泉，很美很美……很长的时间都由自己随意地支配，很开心、很畅快，觉得之前的一切都是值得的，以前有多辛苦，现在就多轻松多幸福。

还原真实的大学生活

在大学里，首先要做好的事情当然还是学习。在大学里除了学习之外，还有丰富的课余生活。有许多的学生组织，你可以选择自己喜欢的部门，去面试应聘。比如，外联部、礼仪部、编辑部、办公室、志愿者总队、实践部、组织部等等。还有各式各样的社团，有体育类的，比如高尔夫社、网球社等；有实践类的，比如股票研习社、投资理财社等；有音乐舞蹈类的、文学类的 ……在大学一定可以找到几个自己想要参加的社团，如果你想到的社团学校没有，那就更好啦，你可以创建一个社团，成为社团创始人！大学里还有很多比赛，合唱比赛、话剧比赛、英语演讲比赛、辩论赛。学校里有合唱团、话剧团，参加后，还可以随团出去表演、去比赛。总之，大学里，一定会有一个平台供你展示，供你参与，供你娱乐，供你交友。

○ **寄语** --

我们觉得难以做下去的事情，多数对我们是有益的，所以，要一定记得：坚持，坚持，再坚持！

我的涅槃

高三——冲刺

高三这一年，六次月考，三次模拟考，还有各种大大小小的测试。我们也就在这望不尽的考试里苦中作乐，其实高三并没有想象中的那么艰苦，也没有感觉到很大的压力。

也就是说，良好的心态是高三复习的重要基础。

如果因为一两次月考或模拟考发挥失常而沮丧不已，耽误了正常的复习进程，无疑是得不偿失的。

如果因为家庭和学校对自己的期望而形成巨大的压力，在考试时胡思乱想，无疑也是得不偿失的。

高考

关于高考就想说一点：注意合理安排时间。认真细致地看题、沉着冷静地思考会提高你的成绩。很多人绝对做不完高考试卷上的所有题目，所以，不能因为前面的题目耽误过多的时间，造成后面的题目没有时间完成，甚至来不及涂答题卡。高考时我们那个考场就有这样的同学。

姓名：曹　原
毕业学校：银川一中
就读高校：中国人民大学
专业：国际关系学院国际政治专业
光辉历程：高一时获"希望杯"数学邀请赛全国铜牌，
高二代表宁夏参加第二届全国公众科学素质电视大赛并获得全国二等奖，
高二担任宁夏银川一中圜宇天文社第12届社长，
高三担任宁夏银川一中圜宇天文社导师及次世代公社导师。

语文

阅读选择题多练审题方法。

诗歌鉴赏题多背鉴赏技巧。

语言运用题要靠平时积累。

作文最重要。高考时作文宁可少得分，写的保守一些，而不要去尝试什么新东西。哪怕你平时的成绩足以考北大，一个作文跑题足以让你饮恨，我们这届有

真实的例子。

数学

数学的选择题有12道，答案有两种形式：3、3、3、3或3、3、4、2。即12道题中选A、B、C、D的各占三道，或选其中一个选项的有四道，而另一个有两道，剩下两个选项依然是三道。有兴趣的可以把近几年的高考题拿来看一下是否符合这个规律。

最后一段复习时间一定要重视基础，考前最好能够把整个高中学习过的知识串联一遍，查漏补缺，从高一刚开学的集合到最后选修的参数方程或不等式，自己边回忆边写出来。尤其是一些简单到容易忽略的角落。难题做不出来也就罢了，这些非常简单的地方也栽跟头就委实不值得了。

英语

听力是20道三项选择题，没有例外的每次都是7、7、6模式，即一个选项有6道题，剩下两个选项分别有7道题。

英语的选择题比较多，还有一些很有趣的规律大家可以自己去找。其实150分的卷子里有120分都是在考阅读，不论是单选、完型，还是阅读、作文，只要你的阅读量上去了，很多问题就迎刃而解了。

所以一定要重视阅读，对于距离高考还有几个月，而英语还有很多问题的同学，建议你们每天坚持做2~3篇阅读理解。

历史

对于历史来说，客观题（选择题）一般比较偏门，考察的是书上很细节的东西，同时还带有一定的分析与判断，这就要求你对课本非常的熟悉。我们当时连历史书上提到的伏尔泰死后有多少人送行都背下来了。

至于主观题，答案是一个很公式化的东西，它是有一套模板可以套用的。比如问历史意义，无非就是从政治经济文化军事等这几个角度去分析。分析好事的时候说积极意义，分析不好的事时说些负面的影响等等，诸如此类。

地理

对于自然地理方面，要加强抽象思维的能力，很多东西死记硬背不但容易记错，而且应用起来很不方便，在考场上很耽误时间。比如地方时区的问题，如果是背下来的话，在考试的时候遇到运算问题推导会很麻烦，而如果你能在自己脑子里构建出一个球体看做地球，那这类问题会很好解决。包括太阳高度角、正午太阳高度角、昼夜长短、地转偏向力、热力环流等等。

对于人文地理方面，要具备和解答历史主观题一样的能力，要学会套用公式化模板和举一反三。如农业的区位因素、工业的区位因素、城市的区位因素等等，把这些模板记清楚，考试的时候根据具体情况往里面套用就可以了。

政治

毫无疑问，政治是文综里最没有技术含量的科目，是最难考也是最好考的一门。

说它难考，是因为几乎每道题都要牵扯到课本上的原文。

说它好考，是因为只要记熟了课文中分析问题的套路，题目万变不离其宗。

只要把课本上和辅导书上的套路备好，无往而不利。

大学——学会独立

大学生活与高中有很大的不同，大学里需要靠自己。

大学是一个很开放，一个多元化的地方。我们不再需要接受被动的给予，而可以自己决定自己要走什么样的道路。

一定要在一开始就为自己确立一个目标，我为什么来大学，以及毕业后我要做什么。

对于不同的答案，在大学里有不同的选择。

如果你说，我要认真学习，争取保研或者修第二学位，课程会很苦很紧张，尤其是第二学位，只建议学有余力的同学选择。对于这些同学，一定不要翘课，要注意每次选课的时间，在选课大军中抢到最中意的课程，千万不要挂科，学分要尽量往高拿，保研或者修第二学位的对于学分的要求都蛮高的。没有课的时候，就去上自习吧，社团活动少参与一些。

如果你说，我要来锻炼，培养自己的社会实践能力，领导能力、组织能力等等，毕业后打算直接就业，那么就要多参与些社团活动（大学里的社团非常丰富多彩，比如人大有一百三十多个社团），但也要注意适量，不然会顾不过来的，因为每个社团都会有许多活动。其次就是一定要加入学生会等组织，努力工作。多注意大企业的实习信息，参与一些大企业的实习或兼职，帮助自己熟悉职场。还有一点就是多关注各类比赛与考试，像"挑战者"杯、谷歌的大学生公益创意大赛等。

如果你说，我要多方面发展，获得尽量多的知识和更宽广的视野，那么一定要留意校园内的各种讲座、活动信息，甚至周边兄弟学校的各类学术讲座与活动。就我的感受，各类讲座带给我的东西远比课程要多。

如果你说，我打算毕业后出国留学，那么一定要重视英语。即使不出国，英语也相当重要。坦白地说，我们宁夏的英语水平和发达地区相比确实有很大差距。这次人大在宁夏招了19人，入学的时候英语分级考试，分为二、三、四这三个级别，我们宁夏来的同胞们没有一个考到四级，所以……

而出国的话，要求就更高了，首先，如果想去国外的好学校，学分必须要高，大一到大二要好好准备托福、雅思、GRE等考试，大二或大三去考，大四一年需要准备申请文书等一系列的文件。同时，国外的大学对社会实践非常重视，这方面需要做的很出彩。再就是一些国际性的比赛与交流活动，

如模拟联合国、AIESEC、SIFE等，既能锻炼自己的英文水平，又能认识一些国外大学的朋友（他们能给你提供很多帮助）。

如果你自己有其他的选择，也可以去尝试。

想说的暂且就这么多了。

最后预祝每一个读到这里的学弟学妹们都能有一个满意的成绩，实现自己的憧憬与理想。

把握此刻的一分一秒

姓名：强熙檀

毕业学校：银川一中

就读高校：浙江大学竺可桢学院

人生格言：If I rest, I rust.

光辉历程：自治区级三好学生；全国青少年科技创新大赛全国三等奖；全国高中数学联赛省级一等奖；全国高中生物联赛省级一等奖；全国高中生物理竞赛省级二等奖；全国高中生化学竞赛省级三等奖；"希望之星"英语风采大赛省级一等奖。

第一篇 我

开篇先做一个简单的自我介绍，因为我的性格与我所走过的道路很可能与许多同学不同，如果你有着和我一样的性格，将会是一个不错的参考，如果不是，请选择最适合自己的道路。但有一点是要说明的，即使表面的道路不同，内心的理想目标一定一样。

我是一个性格外向的男生，喜欢各种各样的活动与比赛。高一真是让我尽情自由发展的一年，管乐队、乒乓球队、主持班会、演讲比赛、英语风采大赛、足球赛、运动会、英语周、短剧、科技周、朗诵比赛、台球赛、主持人……几乎所有的活动都有我的身影。当然学习成绩也一直保持年级前列。由于认识许多优秀的学长，从他们那里得到了许多关于竞赛的消息，也由于从小学到初中一直喜欢各类学科竞赛，我的目标就是参加高中层面水平最高的各类学科竞赛，然后保送。我并不是为了逃避高考，因为我的基础也十分扎实，就算一步一步地走高考路也没有什么问题。但由于内心深处对竞赛的热爱，感觉竞赛将会成为陪我走一生的伴侣，竞赛对思维的提高，对意志力的提高，对知识的完备性的补充，对自己好奇心的满足都有着最积极的影响。因此在许多人正迷茫高中生活时，我的生活已经十分精彩，不仅有自己的梦想也有丰富的课余生活。高二，竞赛慢慢进入我的生活，那时的活动已经在逐渐减少，更多的精力放在学习上。不可否认，我是一个贪玩的孩子，曾两次被老师从台球室里揪出来，原因是作为班长没有起好的带头作用，不过我继续每周末都和同学去玩，毕竟生活还要继续。周末越来越忙，学校的正常补课，各种竞赛补课。其实学校的功课我并没有把太多的精力放在上面，很多时候作业都没有完成，但前提是我已经掌握了。接下来，竞赛一门接一门地到来了，几家欢喜几家忧，竞赛这东西毕竟还是有些难度的。最后（已经记不得是高二还是高三，反正竞赛这条线把它们穿起来了），生物、数学拿到了省一等奖，物理、化学分别拿到了省二等、三等奖，科技创新拿到了全国三等奖。应该说遗憾的确很多，现在回想起来，也许就只是那么一念之间，就和一等奖失之交臂了，但毕竟这个成绩比起很多人来说还是幸运很多。接着就是参加了保送生考试，然后就保送到浙江大学竺可桢学院。

第二篇　我要对你说

一、好的成绩是参加课余活动的资本

已经提过，我特别喜欢参加各种各样的活动，从中感受到一份忙碌、充实、快乐与锻炼。当你感觉其他人怎么总比你牛时，不要总说他的能力比我强。能力到底是什么呢？就是通过一次一次的活动慢慢积累的。没有人天生比你能力强。但是，好的成绩是参加一切课余活动的资本。我参加课余活动完全是有扎实的学习成绩作为后盾的，如果没有，我一定会力不从心，参加活动时还担心这个化学方程没记住，那个物理公式不理解，这样会得不偿失。所以，请一定注意，先把成绩搞上去再通过参加课余活动锻炼自己的能力。

二、你不比任何人笨，也不比任何人聪明

永远不要相信有人比你聪明，永远不要相信有人比你反应快，那些都是假象。让我们来看看那些老师口中的"反应快、聪明"的同学是怎么做的。他们里面不少在小学学习竞赛时就把初中重点的东西学完了，参加初中竞赛时就把高中的大致内容学完了，这是他们的第二遍，当然比你反应快；

当你在尽情享受初三两个月的假期时，他们里面不少报了高中课程衔接班，这是他们的第二遍，当然比你反应快；当你前一天晚上写完作业看电视的时候，他们里面不少已经把第二天要上的内容预习了，这是他们的第二遍，当然比你反应快。

总之，反应的快慢与知识的熟练性相关，除此之外没有其他因素。你班里所谓的"比你反应快"或"比你聪明"的同学一定是有着比你更多的知识积累，学了比你更多的东西，所以永远不要怀疑自己的IQ。

要想给别人你"反应更快"的错觉，那么赶紧放下这篇文章去做题吧，那是对现在的你来说最有意义的事情了，因为看得再多，理想再伟大，没有行动是不行的。

三、认真地用功

只用功你是不能脱颖而出的，要认真地用功。也许在你旁边有这样一些同学，或许你也是他们其中一员，被老师形容为"怎么用功成绩都上不去"，但实际上你们又被欺骗了。那些用功但成绩上不去的同学是因为学习方法的问题，他们死用功，靠耗时间来憔悴自己。实际上认真地用功指的是高效+用功。不要抱怨找不到最高效的学习方法，其实很简单，吃完饭不要看电视，直接走到书桌前，关闭手机，关上门，把以前包括今天发生的所有事都从脑海中清空，不要纠结任何让你高兴或悲伤的事情，假设自己现在就是机器，把所有（不要剩下一点点）的精力都集中到学习上，这就是最高效的学习方法。让我们简单地回忆一下你平时的学习方法：吃完饭看看电视，拿些零食，开始学习，发条短信，出去倒杯水，上趟厕所，和同学打个电话聊两句，做题时纠结一下今天学校里发生的事，想一下电视剧里的剧情，考虑一下明天梳什么头型，十一点了！"我今天很用功！"似乎的确一直在书桌前用功!!虽然有些夸张，但你一定有过其中或多或少的学习状态。现在回到"怎么用功成绩都上不去"的问题上。请你永远相信，不管高考还是竞赛，不管你底子多弱，不管你现在的成绩如何，这一切都一定可以通过认真地用功来实现或克服的，这一点不要存有任何怀疑，只是坚持与时间的问题。

四、潜意识中不要"积攒力气"

有这样一批同学喜欢积攒力气，认为高一没什么需要用功的，结果成绩不是很理想，安慰自己说"把自己的潜力留到高二"；到了高二，成绩仍然不是很理想，又说自己那股劲一定会在高三全部一泻而出的；结果到了高三说自己最后的实力会在月考时候全部发出的，先攒起来；到了月考说会在模拟考时发出最终的那股劲的；最后高考结束了那股攒着的劲也没有发出来。这些同学要注意了，从认为你以后还很有潜力的那天起，就注定了你的潜力是发挥不出来的。也许你的确没有用尽全力，而且你认为你用尽全力一定会比现在的成绩好，那么请问，你的潜力留着能升值吗？还是你留着潜力最后想给老师同学惊喜吗？那么我告诉你，你的潜力会不会升值，你也最终不会给任何人惊喜，你的潜力会生锈，无的放矢。高中你不需要证明你的聪明或潜力，你只需要用一步一个脚印的踏实来标记自己。所以，请在任何一次考试中（无论大小）用尽你的全力，把你的潜力都发挥出来，这样一直到高三，你就问心无愧了，也不会总感觉憋着一股劲。再次强调：任何时刻，用尽全力！

五、考试分数不理想，只有一个理由

永远不要用粗心作为自己考试不理想的理由，因为粗心是借口，即使是非常弱智的粗心，都是借口！所以考试分数不理想只有一个理由：知识的熟练性不够，学得还不扎实。不要把数学中的运算错误当成粗心或不小心，那正是基本功不扎实的表现。其实每次考试出现的错误我个人认为那些所谓粗心错误的恐怖系数与破坏潜力是最高的，如果你小视了它们，你最后可能会成为较高分生，但总不会成为最优秀的学生，因为你不细致，是不会有质的突破的。所以以后如果分数不理想，就想想那唯一的理由。

六、学会生活，爱上体育和音乐

七、大学才是你开始忙的时候，高三算什么

对大学生活我不想说得太多，因为这样只会让你更加浮躁，但是千万不要认为大学是你经历了千辛万苦而到达的天堂，大学是一个人一生中真正开始辛苦的时候。如果你感觉高中或者是高三已经很辛苦了，那么我告诉你，大学（不包括混日子的）更加繁忙，只不过忙的方面不同而已。大学同样要像高中那样上课，课时只会多不会少，而且由于宁夏教育相对

落后，所以压力只会增不会减。所以相比较而言，高三已经很轻松了，除非你将来大学混日子。所以，不要抱怨高三辛苦，不要抱怨高三都是重复的东西没意思，高三就是锻炼让你把"粗心"改掉，高三就是让你学会如何细致，高三就是以题海为伴。说到题海，我认为这是世界上唯一能够让你把学过的知识掌握的方法，不要相信批评题海的话，那是欺骗自己的表现。付出与回报永远正相关，请对这句话不要存在任何疑虑，所以多做题，多做题，还是多做题……

八、If I rest, I rust.

想要偷懒的时候，想一想这句话，"如果我偷懒，我就会生锈"。

第三篇　立刻行动

如果你现在打算继续把这本书看完，我劝你算了，你现在唯一要做的就是放下这本书去做题。至少现在对你来说，没有什么事情比做题更有意义，或许你不一定同意，但是请

记住，在恰当的时间做恰当的事。

　　我所写的这些东西只是经验、方法与鼓励，它们只能在大方向上帮助你，但是否行动还是靠自己，所以我强烈建议：现在就去做题！

第四篇

　　说祝福的话也就俗了，我再祝福也不能把你祝福到大学，所以，现在就去做题！

老天爱笨小孩

姓名：张露

毕业学校：银川一中

就读高校：浙江大学 工科试验班

人生格言：Never try, never know！

曾任职务：化学课代表

高中生活

我并不是一个特别聪明的学生，但我相信用心的小孩一定能得到上天的青睐，有信念就一定能赢！

高一

这是初中学习生活向高中过渡的重要时期，我们要努力适应新的学习生活。我们要尽快了解高中学习的特点，勇于尝试各种学习方法并从中找到最适合自己的方法。记住Never try, never know！当然，和同学、老师的交流是学习中必不可少的重要环节。和同学分享学习心得能帮我们打开思路，给我们的学习注入新的活力；和同学讨论问题不仅能解决眼前的问题，还能增进友谊和同学间的信任（这是在后期高考复习阶段能互相鼓励共同努力的感情基础、精神支柱）。学习的时效性很重要。课上跟上老师的思路，有什么不懂的下课及时问。和同学，和老师，就是每天的十几分钟的交流能让你多学很多东西。

高二

高二是积累知识、打牢基础的一个时期，进度快、内容多、课容量大是高二的特点。我们必须制定一些策略：有针对性地做题和最大限度地利用课堂资源。我建议买一套自己做的练习册备用，只对于感到吃力的章节再进一步强化。高二时几乎每一节课下，我都会缠着老师问问题。前天晚上做作业时有不懂的或是上课没听懂的我都及时记在专门准备的小本子上，一下课就冲到老师面前提问（当时同学们很多都爱问问题，所以一定要积极主动"冲上去"，不然还没轮到你就上课了。当然没有问题是也可以站到老师跟前听听其他同学的问题，也许那恰好是你忽略的问题）。

高三

高三是胜败的关键时期，一定要合理安排学习生活。身心都要做好吃苦的准备。马云说：今天很残酷，明天更残酷，后天很美好，但大多数人死在了明天晚上。不论遇到多大的困难，坚持下去，我们一定能看到后天的明媚阳光。刚开始复习时，也许你会发现对于学过的内容很陌生，不要慌，也不要忙着自责"当时为什么没有好好学"。第一轮复习时感到陌生是很正常的，不要因此否定自己之前的努力。到复习中后期，往往会身心俱疲。当你学到深夜眼皮抬不起来时，当你努力之后考试成绩并不理想时，不要气馁，要相信：天将降大任于是人也，必先苦其心志，劳其筋骨，饿其体肤，空乏其身，行弗乱其所为，然后动心忍性，增益其所不能。在我刚高三时，发现很多学过的知识像新的，这使我的心理压力很大，情绪低落，做题犯困。妈妈告诉我：看到差距不能着急，越着急越学不进去，学习要一步一个脚印，踏踏实实。在家人的鼓励下，我静下心来投入学习，又恢复了斗志。所以暂时的失意并不能阻止你走向成功，只要恢复斗志，学习永远不会晚！

要有合理的计划并坚持执行。计划分为两种：长期计划和短期计划。长期计划贯穿于整个高三复习过程，可以以月为单位。短期计划是一个月的计划，可以以星期为单位。制定计划的一个重要作用是均衡地完成各科的任务，防止偏科。高三的学习任务繁忙，我们不能做无头苍蝇。合理的计划不能太松也不能太紧。太松，则不能达到提高成绩的目的，太紧则常会因为无法完成而自责内疚，影响学习心情。计划并不是一成不变的，要灵活，根据实际情况的需要及时调整完善，使发展趋势向着我们的目标靠近。计划的执行贵在坚持，严格执行是达到目标的途径，不找借口，不自欺欺人。当然要注意的是，我们的学习计划不能和老师的进度脱节，而要以老师的进度为基础针对自己的个性化学习方案。

张弛有度。我们应该在学校效率下降的时候及时调整，或闭目养神一会儿，或出去呼吸一下新鲜空气，散散步，让大脑休息一下。有人总结说"7+1>8"意思是学7个小时休息（玩）1个小时的学习效果绝对大于连着学8个小时。而且学习的时候就投入地学，休息（玩）的时候就尽情放松，有这样的生活节奏，生活也是充实而快乐的。还有一个方法是文理科交叉学习。先学数学，再做做英语，然后看看物理，再背背语文课文。学完理科之后再学文科相当于让大脑休息。课下和同学聊聊天，最好聊一些和学习无关的事，或开开小玩笑，对大脑来说都是很好的休息。

合理利用零碎时间。上学放学路上还有吃饭时间可以听英语练听力，睡前"放电影"总结一天的所学和得失，看看哪一块内容还模糊不清。

至于有效的学习方法，我先谈谈英语吧。我们要把握听力，因为它最容易拿分。我们只要上课时用心练听力，领会老师讲的方法和技巧，听力基本就没问题了。至于阅读理解和完形填空，就是多做题，掌握出题规律，提高阅读速度和总结能力。特别地，我推荐做完形填空时按照"通读全文—填容易的空—联系上下文和词的用法填难空"的步骤做题。这样有以下几点好处：一是掌握大意，对语义填空较好把握；二是有的空在后文中有提示；三是节省时间。至于化学，方程式熟练是基础，所谓的背，是以理解为前提的。老师的板书都很系统和详细，一定要把上课内容完全掌握了，熟悉各种题型的考点，做题时就会很顺手。对于实验题，最重要的是抓住实验目的，了解实验思路，将新题转化为我们熟悉的课本知识。

还原真实的大学生活

独立的生活环境
宽松的管理方式
深广的学习内容
自由的课余时间
广泛的社会交往
激烈的竞争氛围
充分的发展余地
　　　——引自思修教材

学习

首先，学习内容比较自由。这学期有一半的课是自己选的，可以自己选择自己感兴趣的课和老师。而且浙大按大类招生，第一年通识教育，学校提供所有领域的通识课供学生选择，我们可以选择感兴趣的课（我这学期选了美学概论、军理、市场营销、日语、礼仪通论、集邮与文化等）。教授们的讲课风格各异，有的幽默风趣，有的严肃认真，但他们都有一个共同的特点——学识渊博，视野宽阔。他们培养我们的国际视野、社会责任感，帮助我们发现自己。很适合自主学习，有时候把电脑拿过去能待一天。校网资源极其丰富，涉及所有领域，有很有用的导航。有课件、名师讲课视频、习题解答等与课内学习有关的资料。还有"98论坛"供师生交流，可以问问题，社团成员交流，还有大量校园信息。学校里经常有各领域的高水平的讲座，我们可以有选择地参加。前些天李开复博士就来浙大做讲座。

生活

充满矛盾的感受：新鲜感与恋旧感，独立感与无依感，获胜感与失落感，轻松感与压力感，理想性与现实性。

社团活动丰富多彩，是我们广交朋友、锻炼社交能力与工作能力的平台。一定要参加社团面试，这是很好的锻炼机会，即使被踢了，也无所谓，反正也没几个人会知道。我现在是绿之源协会的干事。我们有每周观鸟、每周例会、周末活动（去植物园参观、做自然博物馆讲解员等）。十一的时候我参加了十一营（三天两夜），登山、观鸟、露营……很有意思。

情感

家人是我的精神上的支撑，现在我依赖这种支撑，我想以后也是，家人是我一生中最宝贵的财富。到大学以后，和同学朋友保持短信联系，以前在一起时很少发短信，现在分开了彼此间感觉更亲了。小学同学、初中同学、高中同学大家都努力与对方取得联系，这些怀念虽然强烈但只是偶尔发生，因为大部分时间我被新生活的刺激充斥。结交许多来自不同地方的新朋友，通过他们了解不同地域特点以及文化背景，我们能学到很多。

○ 寄语 ---

在你努力的过程中，你已预订了你的成功！

大学不是你的顶峰，而是你走向人生顶峰的起点。

致学弟学妹们（代跋）

　　鄙人不才,受会长之托写这本书的跋,主要是介绍我们这次活动的发起、经过和这本书的内容,我想你们可以通过这个跋对我们协会和做这本书的初衷会有个大概的了解。

　　"宁京会"的全称是北京高校 2009 级宁夏校友会。该协会会员以 2009 年高考完到北京就读的各大高校的学生为主。协会的目的是促进和发展良好的社会道德风尚。发起公益活动,回报和贡献社会。所以我们结合我们自身的资源,想到了出一本书, 总结我们每个毕业生的学习方法和学习经历,为学弟学妹提供借鉴和参考。

　　出书的建议由会长王鹏和副会长纳颖杰提出。一经提出,便受到了成员的积极响应。众所周知,宁夏的教育水平和其他高考大省的确有一定的差距,我们认可差距,但是我们不能安于差距。于是立志促进现状的改变,为宁夏教育事业的发展尽一份自己的微薄之力。我们决定写一篇关于自己学习生活的经历和学习方法以及目前对大学的感受的文章,然后汇总,修改,再出版。

高中的学习生活，尤其是高三，对每一个经历过的毕业生都是刻骨铭心的。刚上高中，我们每一个人都怀揣梦想，希望一路顺风，一步一步地接近梦想。但是现实告诉我们每一个人，这是不可能的。跌倒，爬起来，再跌倒，再爬起来，就这样周而复始，永不放弃，直到最终站到高中学习胜利的顶峰并且问心无愧。写这本书的很多成员几乎都有这样的经历：高一过得精彩纷呈，紧接着面对高二分科，学理还是学文，it's a big big big question。高三，应该是高中生活最重要的时期了吧，每天数不尽的卷子，老师的教诲，父母的期待，自己的理想与现实的差距，无时无刻地考验你的心理承受能力……从这本书，我想你可以看出优秀毕业生良好的心理承受能力，他们将压力转化为动力，不断努力，勇于进取，擦干每一次失败的眼泪，重新上路，踏过荆棘，又是一条康庄大道。时光荏苒，他们已经步入了大学校园，尽管只有短短的几个月，但是我想他们会给你提出好的大学生活建议，让你对未来的大学生活有一个初步的了解。

　　每一个人的失败不是偶然，同样，每一个人的成功也并非是偶然。现在，做每一件事都需要良好的方法，有法可循，有法可依，可以让你事半功倍。这本书也介绍了他们在学习生活中不断摸索得来的学习方法，可以说是历经考验的精品。你可以从中吸取经验，结合实际，融会贯通，运用在实际生活中，少走弯路，留出更多的时间去做更多的事。不过我要提出的是，我们都认为学习方法只要是适合自己的就是最好的，没有必要去机械照抄，你可以从中挑出适合自己的再加以应用。

　　每个人都有自己的人生观、价值观和世界观，每个人的性格特点也不相同，自然，所经历的高中生活各有各的特色。我想这本书满足了大部分人的特点，每个人阅读时都可以结合自身情况，各取所需，以最快的速度获得适合自己的学习方法。

　　我还想给大家提出建议，大家在阅读这本书的时候，在看学习方法的时候，更多的请注意他们的学习经历。看完这本书后，当你们经历同样的情况的时候，你会想到什么呢？此外，他们的学习经历体现了他们的学习思想，而好的学习思想可以指导他们发现好的学习方法，让他们以更快的速度前进。希望你们也可以在不断的学习中形成自己的学习思想，加油吧！

　　最后，希望大家学习进步，实现自己心中的梦想，将来为祖国、为社会、为家庭交出一份令人满意的答卷。

中国石油大学(北京)　蔡政

2009 年 11 月 27 日